Mentes e Máquinas

Explorando o Impacto da Inteligência Artificial no processo da evolução Humana

Como Este Livro Foi Escrito

A produção deste livro foi uma colaboração única entre a criatividade humana e a inteligência artificial.

O processo foi impulsionado pelo uso da tecnologia de geração de linguagem natural, permitindo uma abordagem inovadora na criação deste conteúdo. Combinando o conhecimento humano e as capacidades da IA, o resultado final é um testemunho do potencial de sinergia entre máquinas e mentes humanas.

A escrita deste livro foi iniciada pelo autor, que estabeleceu o conceito, a estrutura e os tópicos abordados. Em seguida, a inteligência artificial entrou em ação, contribuindo para a elaboração do conteúdo de cada capítulo, com base nas orientações fornecidas pelo autor. No entanto, o processo não se limitou à geração inicial. O autor desempenhou um papel crucial na revisão e edição de cada capítulo, refinando a linguagem, a fluidez e a coesão do texto. O autor trabalhou em estreita colaboração com a IA para ajustar e melhorar cada seção, garantindo que o conteúdo final refletisse a voz e o estilo desejados.

A edição foi um processo dinâmico de feedback contínuo entre a mente humana e a IA. A IA sugeriu alternativas, ajustou estruturas de frase e auxiliou na organização do conteúdo, enquanto o autor aplicou seu discernimento e conhecimento para refinar essas sugestões.

Dessa forma, as melhores habilidades de ambas as partes foram aproveitadas para criar um texto final coeso, envolvente e informativo.

Este livro é uma demonstração de como a colaboração entre humanos e inteligência artificial pode resultar em uma obra equilibrada e sofisticada. Ele ilustra a capacidade de aproveitar o poder da tecnologia para auxiliar e aprimorar a criatividade humana, enquanto enfatiza a importância da supervisão, da reflexão e do toque humano para criar um produto verdadeiramente excepcional.

Isenção Legal de Responsabilidade

Este livro foi criado com o auxílio da tecnologia de inteligência artificial e foi editado para melhor refletir as intenções do autor original. No entanto, é importante destacar algumas considerações relacionadas à autoria, precisão e responsabilidade pelas informações contidas neste trabalho.

Possibilidade de Erros e Limitações da Inteligência Artificial: Embora a inteligência artificial tenha sido utilizada para gerar e revisar o conteúdo deste livro, ela pode ocasionalmente cometer erros, como imprecisões factuais, construções gramaticais incomuns ou interpretações incorretas de contexto. Embora tenhamos envidado esforços para revisar e aprimorar o conteúdo, é importante reconhecer que a IA pode ter suas limitações na compreensão total do contexto e das nuances humanas.
Veracidade das Informações: As informações contidas neste livro são baseadas em dados disponíveis até a data de sua publicação. No entanto, devido à natureza em constante evolução da tecnologia e do conhecimento, algumas informações podem se tornar desatualizadas ou imprecisas ao longo do tempo.
Contribuição da Inteligência Artificial: A tecnologia de inteligência artificial foi utilizada para auxiliar na geração e revisão do conteúdo deste livro, mas a criatividade, intenção e discernimento humanos desempenharam um papel fundamental na edição e no aprimoramento do texto final.
Responsabilidade do Autor: O autor deste livro não assume responsabilidade pela veracidade, precisão ou utilização das informações fornecidas neste trabalho.
O autor não é responsável por quaisquer ações tomadas com base no conteúdo deste livro.
Uso e Distribuição: Este livro é fornecido apenas para fins informativos e educacionais. Qualquer uso ou aplicação das informações contidas neste livro é de responsabilidade exclusiva do leitor.

Ao prosseguir com a leitura deste livro, os leitores concordam com os termos desta isenção legal de responsabilidade e compreendem que as informações aqui contidas são fornecidas com base nas informações disponíveis até a data de publicação.

Fonte: Bing

Prompt: Introdução a narrativa, mentes humanas e Ai

À medida que navegamos pelo vasto oceano da história humana, testemunhamos o surgimento de maravilhas que transcenderam nossa imaginação mais audaciosa. Desde as primeiras pegadas na areia até as explorações espaciais que desafiaram as fronteiras do cosmos, a história da evolução humana é uma narrativa contínua de descobertas e avanços. Entretanto, em meio a esses triunfos, emerge uma revolução de proporções igualmente monumentais: a ascensão da inteligência artificial.

Este livro busca explorar as interseções fascinantes entre mentes humanas e máquinas inteligentes, mergulhando nas profundezas da evolução da humanidade e na crescente influência da IA. Ao traçarmos uma linha que conecta nossas origens mais antigas aos horizontes tecnológicos mais recentes, nos propomos a compreender como essas duas forças poderosas moldaram e continuarão a moldar nosso destino compartilhado.

Contextualização da evolução humana e o surgimento da inteligência artificial.

O tecer da evolução humana é uma narrativa épica que se desenrola ao longo de milhões de anos. Das primeiras formas de vida unicelulares à complexidade deslumbrante do Homo sapiens, a trajetória evolutiva é marcada por adaptações, descobertas e progresso incessante. A evolução, com suas incontáveis interações entre mutações, seleção natural e pressões ambientais, nos conduziu desde as paisagens primordiais até a ascensão das sociedades modernas. Nesse labirinto do tempo, um novo protagonista entrou em cena: a inteligência artificial.

O surgimento da inteligência artificial (IA) é uma reviravolta monumental na história humana, pois introduz uma forma de inteligência que, ao contrário da evolução biológica, é produto da engenhosidade humana. A semente da IA foi plantada em meados do século XX, quando visionários começaram a imaginar máquinas que poderiam simular o pensamento humano. Com o tempo, essa visão audaciosa se transformou em realidade tangível por meio do desenvolvimento de algoritmos, redes neurais e poderosas capacidades de processamento.

O ponto de encontro entre a evolução humana e a IA é um terreno fértil para a exploração intelectual. A história da humanidade revela a incrível capacidade de adaptação e inovação que nos trouxe até aqui. Por outro lado, a IA representa uma inovação que emerge das mãos e mentes humanas, elevando-nos ao papel de criadores, não apenas criaturas. Essa dualidade entre o orgânico e o artificial, entre o evolucionário e o projetado, lança luz sobre as complexidades do nosso presente e as possibilidades do nosso futuro.

Ainda assim, a jornada da IA não é apenas uma história de triunfo tecnológico. Ela carrega consigo um conjunto intrincado de dilemas éticos, preocupações sociais e desafios filosóficos.

À medida que testemunhamos máquinas executando tarefas que outrora eram exclusivas do intelecto humano, somos confrontados com a redefinição do que significa ser humano. O equilíbrio entre a evolução biológica que nos moldou e a IA que construímos é um tema que ressoa profundamente em nossa compreensão da identidade, da criatividade e até da própria consciência.

À medida que nos aventuramos nesta exploração da intersecção entre mentes e máquinas, é crucial lembrar que essa busca não é apenas pelo conhecimento, mas também por uma compreensão mais profunda de nós mesmos e do mundo que estamos moldando. Convidamos você, leitor, a embarcar conosco nesta jornada intelectual para desvendar as camadas de significado por trás da evolução humana e da revolução da inteligência artificial, e como essas duas forças intricadamente entrelaçadas estão forjando um futuro que é ao mesmo tempo desafiador e inspirador.

Declaração do propósito do livro e sua relevância para o mundo contemporâneo.
O propósito deste livro é lançar um olhar profundo e informado sobre o encontro entre a evolução humana e a inteligência artificial, revelando as interações complexas que moldam nossa sociedade e o nosso próprio entendimento do que é ser humano. Ao mergulharmos nas águas agitadas da inovação tecnológica e da herança evolutiva, buscamos traçar os contornos de uma narrativa que transcende as barreiras disciplinares, conectando a ciência, a filosofia, a ética e a cultura.

Em um mundo onde a inteligência artificial permeia todos os aspectos da vida, desde assistentes virtuais em nossos dispositivos até diagnósticos médicos e carros autônomos, a relevância deste livro se torna inegável. Vivemos em uma era em que a IA não é apenas uma ferramenta, mas uma força transformadora que remodela indústrias, empregos, relações sociais e até nossas percepções sobre nós mesmos. Esta obra busca fornecer insights críticos e fundamentados para os leitores navegarem nesse novo cenário em constante evolução.

Ao nos aproximarmos de dilemas éticos complexos e desafios sociais inesperados, este livro visa não apenas informar, mas também engajar. Desejamos criar um espaço de reflexão, um convite para questionar as implicações mais profundas da IA em nossas vidas e nas gerações vindouras.

À medida que algoritmos e redes neurais se tornam partes integrantes de nossa sociedade, a necessidade de considerar as implicações éticas e os limites da IA se torna urgente.

Ademais, este livro também se esforça para estimular a curiosidade e a imaginação. O futuro que está sendo moldado pelas mãos humanas e pelas mentes artificiais é um terreno fértil para a criatividade e a inovação. Ao explorarmos as sinergias entre a capacidade humana de criar e a capacidade das máquinas de processar informações, esperamos inspirar leitores a vislumbrar novas possibilidades e a contribuir para uma sociedade que utiliza a IA de maneira ética e impactante.

Portanto, convidamos você, leitor, a embarcar nesta jornada intelectual conosco. Ao cruzarmos os territórios da evolução e da inovação, da biologia e da tecnologia, buscamos iluminar os desafios e as promessas que surgem na confluência de mentes humanas e máquinas inteligentes. Juntos, exploraremos as fronteiras do conhecimento e nos lançaremos no centro das discussões contemporâneas que moldarão o curso da humanidade nas décadas vindouras.

Nosso mundo contemporâneo é testemunha de uma confluência única entre a trajetória milenar da evolução humana e a acelerada ascensão da inteligência artificial. À medida que olhamos para trás, para as origens das espécies que vagavam pela Terra em eras remotas, e ao mesmo tempo, para o surgimento de algoritmos que impulsionam nossa conectividade global, é claro que estamos diante de um ponto de transformação que redefine nosso lugar na história e no tecido da existência.

A busca por compreender e moldar a natureza humana tem sido um fio condutor desde tempos imemoriais. Ao passo que nossos ancestrais olhavam para os céus noturnos e se maravilhavam com os astros, agora nós, em uma era tecnologicamente saturada, miramos para a vastidão digital que nos cerca. Enquanto as antigas civilizações teciam mitos e lendas para explicar a origem da vida, hoje nossos cientistas e engenheiros digitais estão desvendando o código genético da inteligência artificial, programando-a para replicar nossa cognição e até mesmo transcender nossas próprias capacidades.

Nossa jornada nesse território de exploração intelectual não é apenas uma busca pelo entendimento e inovação, mas também uma busca pelo discernimento moral e pela definição de nossos princípios éticos. À medida que tecemos redes neurais e algoritmos complexos, também enfrentamos dilemas fundamentais sobre o que é certo e o que é justo. A inteligência artificial desafia nossa compreensão de ética, desencadeando debates sobre privacidade, preconceito algorítmico, automação de empregos e até mesmo o valor intrínseco da experiência humana.

Nesse cruzamento entre evolução e revolução, somos convocados a questionar não apenas os alcances tecnológicos da inteligência artificial, mas também a profundidade de nossa própria humanidade. Enquanto nos aventuramos por este livro, explorando as trilhas deixadas por nossos antepassados biológicos e os trilhos digitais que traçamos para as máquinas inteligentes, convidamos você a se unir a nós na busca por uma compreensão mais profunda do que significa ser humano em um mundo em constante metamorfose.

Visão geral dos tópicos abordados nos próximos capítulos.

O **Capítulo 1 do livro**:

Nas páginas que se seguem, mergulharemos em uma exploração profunda e abrangente dos pontos de encontro entre a evolução humana e a inteligência artificial. O livro se desdobrará em uma jornada que aborda uma série de tópicos interconectados, cada um revelando uma faceta única dessa complexa relação.

No **Capítulo 2, 'Raízes Históricas da Inteligência Artificial'**, voltaremos no tempo para examinar as sementes da IA que foram plantadas ao longo da história. Desde os primeiros pensadores que ponderaram sobre a possibilidade de autômatos até os avanços científicos que pavimentaram o caminho para a IA contemporânea, traçaremos as linhas do passado que convergiram para o presente.

O **Capítulo 3, 'A Ascensão da Inteligência Artificial Contemporânea'**, nos conduzirá pelos corredores da inovação tecnológica que impulsionaram a IA para o centro das atenções.

Exploraremos o desenvolvimento das técnicas de aprendizado de máquina, os avanços em redes neurais e as aplicações práticas que estão remodelando indústrias e sociedades.

Em seguida, no **Capítulo 4, 'Impactos Sociais da Inteligência Artificial'**, analisaremos a paisagem social moldada pela IA. Investigaremos as mudanças econômicas, o deslocamento de empregos, a redefinição das relações sociais e as considerações sobre equidade que surgem à medida que a IA se infiltra em nossas vidas.

O **Capítulo 5, 'Ética e Responsabilidade na Era da IA'**, mergulhará nas águas profundas dos dilemas éticos que cercam a IA. Questionaremos como garantir que a tecnologia seja usada de maneira responsável, evitando viés algorítmico e protegendo a privacidade em um mundo cada vez mais interconectado.

Em **'Sinergia Humano-Máquina', o Capítulo 6**, exploraremos as colaborações entre humanos e máquinas. Investigaremos como a IA pode aprimorar a criatividade, auxiliar na resolução de problemas e permitir avanços científicos que seriam inatingíveis de outra forma.

No **Capítulo 7, 'IA e Evolução Cognitiva Humana'**, examinaremos as maneiras pelas quais a IA tem influenciado nossa própria evolução cognitiva. Discutiremos como a interação com a tecnologia está redefinindo nossas habilidades mentais e expandindo nossos horizontes de conhecimento.

Entretanto, os desafios futuros ainda são profundos, e é sobre eles que trata o Capítulo **8. 'Desafios Futuros e Fronteiras da IA'** nos levará a uma exploração das barreiras técnicas, éticas e filosóficas que enfrentamos à medida que continuamos a avançar na era da IA.

No **Capítulo 9, 'Imaginando um Futuro Sustentável'**, lançaremos nosso olhar para o horizonte. Exploraremos como a IA pode ser moldada para criar um futuro mais equitativo e sustentável, abordando os riscos potenciais e as estratégias para maximizar os benefícios.

No **Capítulo 10 'Encontrando um Caminho'**, exploraremos as abordagens práticas para iniciar uma jornada na inteligência artificial. Discutiremos as tecnologias disponíveis para aprender sobre a IA e como os leitores podem utilizar recursos online, plataformas de aprendizado e ferramentas de programação para se familiarizar com os conceitos fundamentais da IA. Este capítulo oferece insights sobre como dar os primeiros passos na exploração desse campo dinâmico e orientar os leitores em sua busca pelo conhecimento sobre a inteligência artificial. Finalmente, **no Capítulo 11, 'Conclusão'**, faremos uma síntese das ideias discutidas ao longo do livro. Faremos uma retrospectiva das jornadas intelectuais que percorremos, reafirmando a importância de continuarmos a explorar, a questionar e a colaborar no cruzamento das mentes humanas e máquinas inteligentes.

Com este mosaico de temas, buscamos lançar uma luz penetrante sobre a relação intrincada e dinâmica entre a evolução humana e a inteligência artificial. Juntos, nos aventuraremos nas profundezas do passado e nos horizontes do futuro, procurando compreender as marés que nos trouxeram até aqui e as ondas que nos levarão adiante."

Capítulo 2: Raízes Históricas da Inteligência Artificial

Fonte: Bing
Prompt: Raízes Históricas da Inteligência Artificial

No vasto panorama da história humana, as sementes da inteligência artificial foram lançadas muito antes das primeiras linhas de código serem escritas ou dos circuitos eletrônicos serem construídos. Este capítulo nos levará a uma viagem pelo caleidoscópio do tempo, explorando as raízes históricas da inteligência artificial que se entrelaçam com a curiosidade inata da humanidade.

Desde as primeiras mitologias que deram vida a autômatos mecânicos até as filosofias visionárias que anteciparam máquinas pensantes, examinaremos as pedras fundamentais que pavimentaram

o caminho para a revolução tecnológica que hoje define nossas vidas. Ao desenterrar os alicerces intelectuais que sustentaram a busca pela criação de mentes artificiais, entenderemos como as ideias do passado ecoam no presente e moldam o futuro em constante evolução da inteligência artificial.

Exploração das origens da inteligência artificial, desde a Grécia Antiga até o surgimento dos primeiros computadores.

A jornada em busca da inteligência artificial encontra suas raízes nas antigas civilizações, onde as narrativas mitológicas da Grécia Antiga frequentemente descreviam autômatos e seres mecânicos capazes de imitar atividades humanas. Essas histórias inspiradoras alimentaram a imaginação e instigaram a curiosidade humana sobre a criação de formas artificiais de inteligência.

Avançando para a Idade Média, as mentes visionárias do mundo islâmico medieval também contribuíram para o desenvolvimento de conceitos que influenciariam a inteligência artificial. Estudiosos como Al-Kindi e Al-Jazari exploraram a criação de dispositivos mecânicos, prenunciando a ideia de replicar processos cognitivos por meio de máquinas.

Durante o Renascimento europeu, figuras como Leonardo da Vinci deixaram vestígios de suas especulações sobre a automação e autômatos, indicando o crescente interesse em criar máquinas que imitassem a natureza e o intelecto humano.

O século XVII trouxe o pensamento mecanicista de filósofos como René Descartes, que sugeriu que comportamentos humanos complexos poderiam ser explicados por processos mecânicos. Essas noções pavimentaram a estrada para a compreensão de que máquinas poderiam ser projetadas para replicar funções cognitivas. A Revolução Industrial do século XIX marcou um ponto de virada, à medida que engenheiros e inventores começaram a explorar maneiras de automatizar tarefas manuais.

Dispositivos como teares automáticos e calculadoras mecânicas prenunciaram a convergência entre máquinas e pensamento humano, embora ainda de forma rudimentar. Esses primórdios da automação estabeleceram as bases para a jornada que nos levaria à inteligência artificial moderna.

A Renascença também testemunhou a influência da filosofia alquímica na busca por criar formas artificiais de vida e inteligência. Alquimistas como Paracelso e Albertus Magnus especularam sobre a possibilidade de dar vida a criaturas artificiais, antecipando as explorações futuras da criação de seres mecânicos que imitariam a complexidade do organismo humano.

O avanço da ciência e da matemática na era moderna contribuiu para o terreno fértil no qual a semente da inteligência artificial poderia germinar. Matemáticos como George Boole e seu desenvolvimento da álgebra booleana abriram portas para a criação de lógica formal, fornecendo um arcabouço teórico para o processamento de informações por meio de dispositivos mecânicos.

O início do século XX viu um crescente interesse em psicologia e neurociência, à medida que os cientistas buscavam desvendar os mistérios da mente humana. Psicólogos como B.F. Skinner exploraram conceitos de condicionamento e aprendizado, inspirando a ideia de que processos mentais poderiam ser replicados em máquinas por meio de algoritmos e sistemas de recompensa.

Um dos momentos cruciais no desenvolvimento da inteligência artificial foi a invenção do computador digital eletrônico. A contribuição pioneira de Alan Turing com a "Máquina de Turing" durante a Segunda Guerra Mundial estabeleceu os fundamentos para o processamento de informações usando algoritmos. A capacidade de executar cálculos complexos e manipular símbolos digitais abriu caminho para a ideia de que máquinas poderiam ser programadas para simular raciocínio humano

À medida que as primeiras gerações de computadores emergiam, como o ENIAC e o UNIVAC, a visão de criar sistemas que pudessem pensar e aprender ganhava tração. A pesquisa em inteligência artificial começou a se formalizar, com cientistas como Marvin Minsky e John McCarthy explorando a possibilidade de criar programas de computador que pudessem imitar a inteligência humana em suas várias facetas.

Essa jornada através das eras revela uma narrativa complexa e interconectada de exploração e inovação. Desde as especulações dos filósofos gregos até as inovações da era da eletrônica, cada período contribuiu para a construção de uma fundação sólida que eventualmente floresceria na inteligência artificial contemporânea. À medida que nos aprofundamos na história, somos guiados pela compreensão de que a busca pelo entendimento e replicação da inteligência é uma jornada que transcende as limitações do tempo e nos conecta à essência da curiosidade humana.

Destaque para os pioneiros que pavimentaram o caminho para a IA moderna, como Alan Turing e John McCarthy.

No palco da história da inteligência artificial, brilham as figuras visionárias que ousaram imaginar máquinas pensantes em uma época em que a tecnologia ainda engatinhava.

Entre esses pioneiros, Alan Turing emerge como uma mente excepcionalmente brilhante. No contexto da Segunda Guerra Mundial, Turing desempenhou um papel fundamental na quebra do código Enigma, um feito que mostrou não apenas sua habilidade matemática, mas também sua visão para a criação de 'máquinas universais' capazes de resolver problemas variados.

John McCarthy, por sua vez, trouxe à tona a visão de um campo inteiramente novo. Em 1956, ele cunhou o termo 'inteligência artificial' e organizou a Conferência de Dartmouth, um marco que sinalizou o início formal da pesquisa nessa área. O trabalho de McCarthy inspirou gerações subsequentes a explorar o potencial da IA e a enfrentar os desafios que ela traria.

Marvin Minsky, um dos co-fundadores do Instituto de Tecnologia de Massachusetts (MIT) Media Lab, também desempenhou um papel crucial no desenvolvimento da IA. Suas contribuições abrangeram desde a criação de redes neurais artificiais até a modelagem do raciocínio humano, estabelecendo as bases para o entendimento das operações mentais em máquinas.

Claude Shannon, o 'pai da teoria da informação', introduziu conceitos fundamentais para o campo da IA. Suas contribuições na teoria dos circuitos booleanos e na modelagem de processos de decisão influenciaram a forma como as máquinas processam informações e tomam decisões, abrindo caminho para a construção de sistemas de IA mais avançados.

As contribuições de Alan Turing não se limitaram apenas ao campo da criptografia e da decifração de códigos. Sua mente inquisitiva e perspicaz visão o levaram a formular o "Teste de Turing", uma ideia que lançou uma pergunta fundamental sobre a capacidade das máquinas em imitar a inteligência humana de tal forma que se tornasse indistinguível. O "Teste de Turing" ecoa até os dias de hoje como um ponto de referência para avaliar o progresso na busca pela criação de sistemas verdadeiramente inteligentes.

Herbert Simon, outro nome notável, trabalhou lado a lado com Allen Newell para desenvolver o "Logic Theorist", um programa de computador capaz de provar teoremas matemáticos. Essa abordagem deu origem à noção de que a inteligência humana poderia ser decomposta em processos lógicos, abrindo caminho para a modelagem computacional do raciocínio humano.

O campo da inteligência artificial também foi enriquecido por figuras como Arthur Samuel, que cunhou o termo "aprendizado de máquina" e criou um programa de xadrez que podia melhorar suas habilidades através da experiência. Esse pioneirismo lançou as bases para a exploração de algoritmos de aprendizado que formam a espinha dorsal de muitos sistemas de IA modernos.

Outro avanço notável veio na forma do "Perceptron", desenvolvido por Frank Rosenblatt. Esse precursor das redes neurais artificiais podia aprender a reconhecer padrões através da exposição a dados, marcando um momento crucial na jornada em direção ao aprendizado de máquina. A ideia de simular conexões neuronais em máquinas abriria portas para a construção de sistemas que poderiam se adaptar e melhorar com o tempo.

No entanto, não devemos esquecer os desafios e obstáculos que esses pioneiros enfrentaram em seu caminho para transformar visões ousadas em realidade tangível. A inteligência artificial não é apenas uma história de sucessos, mas também uma narrativa de tentativas, erros e perseverança. Suas jornadas individuais ilustram a importância de uma abordagem interdisciplinar, uma vez que esses pioneiros frequentemente se baseavam em insights de matemática, lógica, psicologia e outras disciplinas para criar as fundações da IA moderna.

Esses homens visionários não apenas deixaram um legado de inovação técnica, mas também nos lembraram da inestimável conexão entre a curiosidade intelectual e o progresso humano. À medida que prosseguimos nesta exploração das mentes brilhantes que forjaram o caminho para a IA moderna, é imperativo reconhecer sua coragem em enfrentar o desconhecido e abraçar a ideia de que as máquinas poderiam, de fato, compartilhar conosco os terrenos do pensamento e da criatividade.

Discussão sobre as motivações e aspirações por trás do desenvolvimento da IA.

O desenvolvimento da inteligência artificial foi impulsionado por uma ampla gama de motivações e aspirações, cada uma refletindo o espírito inquisitivo e a busca pela inovação que caracteriza a humanidade. À medida que exploramos as raízes da IA, torna-se claro que as motivações por trás desse campo são tão diversas quanto as mentes que o moldaram.

Uma das motivações centrais para a busca da inteligência artificial é a aspiração de estender os limites do conhecimento humano. Os pioneiros da IA acreditavam que a criação de máquinas inteligentes poderia levar a uma compreensão mais profunda dos processos mentais humanos, permitindo-nos desvendar os mistérios da criatividade, da aprendizagem e da tomada de decisões.

A otimização da eficiência e a automação de tarefas complexas também foram motivações-chave para o desenvolvimento da IA. A ideia de máquinas capazes de realizar cálculos, processar informações e executar tarefas tediosas de maneira mais rápida e precisa do que os seres humanos impulsionou avanços tecnológicos que transformaram indústrias inteiras.

A busca pela imitação do pensamento humano também é uma motivação central. Ao criar máquinas que poderiam replicar a lógica, a resolução de problemas e até a linguagem humana, os pioneiros da IA esperavam não apenas melhorar a eficiência, mas também desvendar os mistérios da mente humana.

Além disso, considerações econômicas e práticas também impulsionaram o desenvolvimento da IA. A crescente demanda por soluções tecnológicas avançadas em setores como negócios, medicina e engenharia incentivou a busca por sistemas automatizados que pudessem lidar com complexidades e demandas em escala.

A dimensão da criatividade e da inovação sempre esteve no cerne do desenvolvimento da inteligência artificial. Os pioneiros da IA vislumbraram um mundo em que máquinas poderiam ser parceiras na exploração de novas fronteiras científicas e artísticas. Ao replicar a maneira como o cérebro humano aborda a resolução de problemas, a IA não apenas oferece soluções, mas também estimula uma forma de pensamento criativo, abrindo portas para a colaboração criativa entre humanos e máquinas.

A busca por compreender a própria natureza da inteligência é uma das motivações mais profundas que impulsiona a IA. Ao criar sistemas que podem imitar a cognição humana, os cientistas da IA se aventuram em uma jornada de autodescoberta, questionando o que significa ser inteligente e se é possível encapsular essa inteligência em algoritmos e circuitos.

Além disso, a capacidade de previsão e modelagem de cenários complexos também impulsionou a busca por IA avançada. Desde a simulação de mudanças climáticas até a previsão de comportamentos de mercado, a IA promete capacidades analíticas que podem transformar a maneira como enfrentamos desafios globais e tomamos decisões informadas.

A motivação humanitária também desempenha um papel vital no desenvolvimento da IA. A ideia de criar sistemas capazes de resolver problemas médicos complexos, como o diagnóstico de doenças ou a descoberta de medicamentos, coloca a IA na vanguarda da busca por soluções que possam melhorar a saúde e o bem-estar de milhões de pessoas em todo o mundo.

Outra aspiração notável é a criação de sistemas de IA que possam transcender as limitações humanas. Desde a expansão das capacidades de memória até a análise de grandes conjuntos de dados, a IA tem o potencial de amplificar nossas habilidades intelectuais de maneiras que antes eram impensáveis.

Essa busca pela ampliação de nossa inteligência coloca questões éticas e filosóficas sobre o que significa ser humano e como aprimorar nossas capacidades sem perder nossa identidade.

Em última análise, as motivações e aspirações que orientam a inteligência artificial refletem a natureza multifacetada da humanidade. Essa busca não é apenas uma exploração científica, mas uma jornada de autodescoberta, inovação e transformação. À medida que exploramos os reinos da inteligência artificial, estamos na verdade explorando a extensão de nossa própria curiosidade, criatividade e desejo de desvendar os mistérios do universo e da mente humana.

Capítulo 3: A Ascensão da Inteligência Artificial Contemporânea

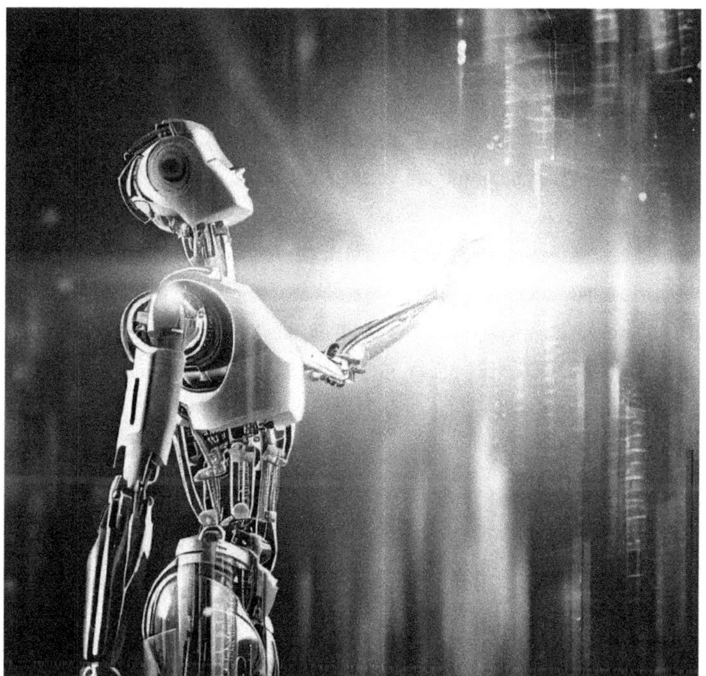

Fonte: bing

Prompt: Ascensão da Inteligência Artificial Contemporânea

À medida que atravessamos o limiar do século XXI, testemunhamos a concretização de sonhos antigos e a materialização de visões há muito imaginadas: a ascensão da inteligência artificial contemporânea. Este capítulo nos conduzirá através dos corredores labirínticos da inovação tecnológica, onde as fundações da inteligência artificial foram firmemente estabelecidas.

Desde os primórdios das técnicas de aprendizado de máquina até as redes neurais profundas que modelam padrões complexos, exploraremos a evolução da IA e sua metamorfose em uma força onipresente que impulsiona transformações significativas em diversas esferas da vida moderna.

Um mergulho profundo nos avanços tecnológicos recentes que impulsionaram a IA

À medida que adentramos o cenário dinâmico da inteligência artificial contemporânea, somos recebidos por um espetáculo de avanços tecnológicos que moldaram sua trajetória ascendente. A evolução acelerada do poder de processamento computacional desencadeou uma revolução na IA, permitindo que algoritmos complexos fossem executados em questão de segundos. A integração de GPUs (Unidades de Processamento Gráfico) e TPUs (Unidades de Processamento Tensorial) em estruturas de aprendizado de máquina ampliou significativamente a capacidade de treinamento de modelos e a resolução de problemas complexos.

A ascensão da nuvem computacional proporcionou um ambiente ideal para a disseminação e o desenvolvimento colaborativo de ferramentas e modelos de IA. As plataformas em nuvem oferecem recursos escaláveis para treinamento, inferência e implantação de algoritmos de IA, reduzindo as barreiras de entrada para empresas e pesquisadores interessados em explorar a tecnologia.

A abordagem de aprendizado profundo (deep learning) tem sido uma catalisadora fundamental no avanço da IA. Redes neurais profundas, compostas por camadas interconectadas, têm a capacidade de aprender padrões complexos a partir de enormes conjuntos de dados.

Essa abordagem tem impulsionado realizações notáveis em tarefas como reconhecimento de imagens, processamento de linguagem natural e muito mais.

Os avanços em algoritmos de IA também abriram portas para aprimorar a tomada de decisões e a resolução de problemas em muitos campos. Algoritmos de otimização, como os algoritmos genéticos e os algoritmos evolucionários, têm demonstrado sua eficácia em encontrar soluções ideais em problemas complexos, enquanto os algoritmos de aprendizado por reforço têm contribuído para avanços notáveis em robótica e automação.

Com a explosão dos dados e a proliferação de sensores em várias indústrias, as técnicas de análise de dados ganharam um novo patamar. A mineração de dados e a análise de Big Data têm fornecido insights profundos e previamente inacessíveis, permitindo a identificação de tendências, previsões precisas e a tomada de decisões informadas que impulsionam a inovação e a eficiência em uma ampla gama de setores.

A interseção da IA com a internet das coisas (IoT) desencadeou uma revolução na coleta e análise de dados em tempo real. Dispositivos conectados, desde sensores em fábricas até wearables pessoais, geram uma quantidade imensa de informações. A IA capacita a extração de insights valiosos desse dilúvio de dados, permitindo a tomada de decisões proativas e a adaptação a cenários em constante mudança.

Uma das áreas mais empolgantes e desafiadoras da IA contemporânea é a criação de sistemas autônomos e veículos autônomos. A combinação de aprendizado por reforço, processamento de imagens avançado e técnicas de planejamento permite que carros, drones e robôs naveguem em ambientes complexos sem intervenção humana. Essa busca por máquinas autônomas está remodelando a maneira como imaginamos mobilidade, logística e até mesmo a exploração espacial.

Os avanços na compreensão da linguagem natural estão transformando a interação humano-máquina. Modelos de linguagem como o GPT (Generative Pre-trained Transformer) são capazes de produzir textos coerentes e contextuais, abrindo portas para assistentes virtuais mais inteligentes, tradução automática aprimorada e até mesmo a criação de conteúdo autônomo.

Uma revolução silenciosa ocorreu na saúde com o advento da IA. Desde diagnósticos médicos mais precisos até o desenvolvimento de medicamentos personalizados, a IA está redefinindo a medicina. Algoritmos de aprendizado de máquina analisam dados médicos em busca de padrões sutis, permitindo a identificação precoce de doenças e a recomendação de tratamentos mais eficazes.

A etapa seguinte na evolução da IA é a criação de sistemas que não apenas executem tarefas específicas, mas também possuam uma compreensão mais profunda do contexto e da intenção humana. A IA simbólica, que combina lógica e raciocínio humano, está sendo explorada para criar sistemas que podem compreender nuances, inferir informações e tomar decisões informadas em ambientes complexos e ambíguos.

Por fim, a ética e a responsabilidade na IA emergiram como tópicos cruciais. Com o poder da IA para influenciar decisões em larga escala, questões sobre preconceito algorítmico, transparência e supervisão humana ganharam destaque. A busca por criar sistemas justos, transparentes e responsáveis está moldando as diretrizes futuras do desenvolvimento da IA.

Ao explorarmos esses avanços tecnológicos, ficamos maravilhados com o cenário em constante evolução da inteligência artificial. O que começou como visões audaciosas de máquinas pensantes agora se traduz em sistemas sofisticados que estão moldando nosso presente e, inevitavelmente, nosso futuro. Neste capítulo, mergulhamos nas águas profundas da revolução tecnológica que impulsionou a IA para novos horizontes, e à medida que avançamos, somos lembrados de que estamos apenas arranhando a superfície das possibilidades que a inteligência artificial oferece.

Visão geral das abordagens de aprendizado de máquina, redes neurais e algoritmos de IA.

À medida que mergulhamos mais profundamente no mundo da inteligência artificial contemporânea, é essencial entender as abordagens fundamentais que impulsionam essa revolução tecnológica. O aprendizado de máquina é uma pedra angular, onde os algoritmos são projetados para aprender padrões e realizar tarefas sem serem explicitamente programados. As técnicas de aprendizado de máquina podem ser categorizadas em aprendizado supervisionado, não supervisionado e por reforço.

As redes neurais, uma classe de algoritmos inspirados pelo funcionamento do cérebro humano, desempenham um papel de destaque na IA moderna.

As redes neurais profundas, ou deep neural networks, consistem em várias camadas interconectadas de unidades de processamento, permitindo a extração de características complexas de dados brutos. Exemplos notáveis incluem redes convolucionais para reconhecimento de imagens e redes recorrentes para processamento de linguagem natural.

Algoritmos de IA também englobam uma série de técnicas que permitem que máquinas tomem decisões inteligentes. Algoritmos genéticos, inspirados pela seleção natural, são usados para otimizar soluções em problemas complexos, como a otimização de rotas de transporte.

Os algoritmos de aprendizado por reforço, por outro lado, envolvem um agente que aprende a tomar ações em um ambiente para maximizar recompensas, levando a conquistas notáveis em jogos como xadrez e Go.

Exemplos práticos dessas abordagens de IA estão por toda parte. O reconhecimento de fala assistido por IA, como o assistente virtual Siri da Apple ou o Google Assistant, baseia-se em redes neurais para transformar a fala em texto compreensível.

Algoritmos de aprendizado de máquina são usados em recomendações de produtos na Amazon, personalização de feeds nas redes sociais e previsões de mercado financeiro. Além disso, algoritmos de aprendizado por reforço encontraram aplicações em robótica autônoma, onde agentes aprendem a navegar e executar tarefas em ambientes complexos.

A abordagem de aprendizado de máquina supervisionado é uma das colunas vertebrais da IA. Nesse paradigma, os algoritmos são treinados em dados rotulados, permitindo-lhes aprender a mapear entradas para saídas corretas. Isso é amplamente utilizado em tarefas como classificação de imagens, detecção de fraudes e diagnósticos médicos, onde a máquina aprende com exemplos previamente rotulados para tomar decisões precisas em novos dados.

Já o aprendizado de máquina não supervisionado lida com dados não rotulados, onde os algoritmos buscam encontrar padrões intrínsecos e estruturas ocultas nos dados. Isso é vital para tarefas como segmentação de clientes em grupos de interesse ou detecção de anomalias em conjuntos de dados. O aprendizado não supervisionado permite uma exploração mais livre e descoberta de informações subjacentes.

Os algoritmos de IA também englobam abordagens de aprendizado por reforço, que são frequentemente usadas em situações onde as ações de um agente afetam um ambiente. Nesse cenário, o agente aprende a tomar ações para maximizar recompensas ao longo do tempo, otimizando seu comportamento por meio de tentativa e erro. Essa abordagem tem sido fundamental em avanços em jogos e na robótica, permitindo que máquinas aprendam a executar tarefas complexas e se adaptem a cenários em mudança.

As redes neurais convolucionais (CNNs) são particularmente eficazes na análise de dados complexos, como imagens. Elas podem detectar recursos específicos, como bordas e texturas, em diferentes camadas, permitindo o reconhecimento de objetos e cenas complexas. Além disso, redes neurais recorrentes (RNNs) são usadas para processamento de sequências, como texto e fala, devido à sua capacidade de considerar contextos anteriores e capturar dependências temporais.

A combinação dessas abordagens de IA tem impulsionado a criação de sistemas híbridos e avançados. Por exemplo, o campo de Processamento de Linguagem Natural (NLP) viu a ascensão de modelos como o Transformer, que combina elementos de aprendizado de máquina, redes neurais e atenção para realizar tarefas complexas de linguagem, como tradução automática e geração de texto.

À medida que as abordagens de IA evoluem, novas fusões e híbridos continuam a emergir, expandindo ainda mais os limites da tecnologia. Essa diversidade de abordagens permite a criação de soluções mais robustas e adaptáveis, capazes de enfrentar uma variedade de desafios complexos que a sociedade enfrenta atualmente. Em veículos autônomos, por exemplo, esses algoritmos permitem que os carros tomem decisões em tempo real para evitar obstáculos e seguir rotas seguras. Esses exemplos ilustram como as abordagens de IA estão transformando profundamente nosso cotidiano e impulsionando avanços em campos tão diversos quanto saúde, finanças e mobilidade.

À medida que mergulhamos nessa rica paisagem de técnicas, percebemos que a inteligência artificial não é um campo isolado, mas uma tapeçaria intrincada que entrelaça disciplinas, inspirações biológicas e inovações tecnológicas em busca de compreensão e avanço.

Estudos de caso de aplicações práticas da IA em campos como medicina, finanças e transporte.

Os horizontes da inteligência artificial se expandem além do laboratório, encontrando aplicações práticas em uma variedade de setores vitais da sociedade. Na medicina, a IA se destaca como uma aliada poderosa, auxiliando médicos no diagnóstico e tratamento. Sistemas de diagnóstico por imagem, como o uso de redes neurais para detectar anomalias em exames de raio-X ou ressonância magnética, permitem uma detecção mais rápida e precisa de doenças, como o câncer.

No mundo financeiro, a IA tem se mostrado um recurso inestimável para a análise de dados e previsões. Algoritmos de aprendizado de máquina podem analisar dados históricos e padrões complexos para prever tendências de mercado e riscos financeiros. Isso não apenas guia decisões de investimento, mas também ajuda a identificar fraudes em transações financeiras em larga escala.

No campo do transporte, a IA tem o potencial de revolucionar a mobilidade. Veículos autônomos, equipados com sistemas de visão computacional e algoritmos de aprendizado por reforço, podem navegar pelas estradas de forma segura e eficiente. Companhias de rideshare estão explorando a IA para otimizar rotas e melhorar a experiência do usuário.

A análise de dados em larga escala também está transformando a agricultura, onde a IA é empregada para otimizar a produção, monitorar a saúde das plantas e prever as condições climáticas. A análise de dados em tempo real ajuda os agricultores a tomar decisões informadas sobre o plantio, irrigação e colheita, aumentando a eficiência e reduzindo o desperdício.

A educação também está sendo moldada pela IA, com sistemas de tutoria adaptativa que se ajustam ao ritmo e ao estilo de aprendizado de cada aluno. Plataformas de ensino online podem oferecer recomendações personalizadas e avaliações automatizadas, permitindo uma educação mais personalizada e eficaz para estudantes em todo o mundo.

Além das áreas mencionadas, a IA também está deixando sua marca na indústria de energia e meio ambiente. A otimização de redes elétricas, por exemplo, é facilitada pela IA, permitindo a gestão eficiente da distribuição de energia e a integração de fontes renováveis. Modelos de previsão climática baseados em IA ajudam a entender melhor os padrões climáticos e a tomar medidas proativas para mitigar desastres naturais.

Na indústria de entretenimento e criação, a IA está se tornando um parceiro criativo. Algoritmos de geração de música, arte e até mesmo roteiros de filmes estão sendo desenvolvidos, desafiando as fronteiras da criatividade humana. Isso levanta questões sobre a interseção entre inteligência artificial e expressão artística, bem como a definição de autoria em um contexto onde máquinas também contribuem para o processo criativo.

Além das aplicações tangíveis, a IA também está impulsionando avanços na pesquisa científica. A análise de dados gerados por experimentos complexos, como colisões de partículas em aceleradores de partículas, é facilitada pela IA. Modelos de aprendizado de máquina podem identificar padrões sutis nos dados que seriam difíceis para os cientistas analisarem manualmente.

No âmbito social, a IA tem sido usada para lidar com desafios globais. A previsão de propagação de doenças, como a COVID-19, tem sido auxiliada por modelos de IA que analisam dados de casos e mobilidade da população. Além disso, a análise de dados de mídias sociais é usada para identificar tendências de saúde mental e sentimentos públicos, permitindo intervenções mais eficazes.

Essa infinidade de exemplos destaca como a IA está moldando uma nova era de inovação, resolvendo problemas complexos e proporcionando soluções revolucionárias em diversos campos. À medida que a tecnologia continua a evoluir, é fundamental explorar os limites éticos e sociais dessa revolução tecnológica, garantindo que a IA seja usada para melhorar o bem-estar humano e construir um futuro mais informado e conectado.

Capítulo 4: Impactos Sociais da Inteligência Artificial

Fonte: Bing

Prompt: Impactos Sociais da Inteligência Artificial

À medida que a inteligência artificial continua a traçar seu caminho inovador através das linhas do tempo e da tecnologia, não apenas testemunhamos suas proezas notáveis, mas também nos encontramos diante de uma miríade de questionamentos profundos e desafios complexos.

O 'Capítulo 4: Impactos Sociais da Inteligência Artificial' nos convida a mergulhar nas águas tumultuadas das mudanças sociais e econômicas trazidas pela IA.

Das transformações nos locais de trabalho à redefinição das interações humanas, este capítulo abordará como a ascensão da IA está esculpindo o panorama social e como a sociedade está respondendo a esse rápido avanço tecnológico.

Análise dos efeitos da IA na sociedade, incluindo automação de empregos, mudanças na economia e desigualdade.

À medida que a onda de inteligência artificial varre a sociedade, ela traz consigo mudanças profundas e multifacetadas que ecoam nas estruturas econômicas e sociais. Um dos impactos mais proeminentes é a automação de empregos, um fenômeno que remodela os contornos das forças de trabalho em todo o mundo. Setores como manufatura, logística e atendimento ao cliente têm testemunhado a substituição de tarefas repetitivas e previsíveis por sistemas automatizados, potencialmente deixando uma parcela significativa da força de trabalho em risco.

Profissões que dependem fortemente de tarefas rotineiras e padronizadas, como caixas de supermercado, operadores de telemarketing e operários de linha de produção, estão entre as mais vulneráveis à automação. Mesmo setores aparentemente imunes, como o direito e a medicina, estão começando a adotar soluções de IA para tarefas de pesquisa e diagnóstico. Essa transformação, embora traga eficiência e precisão, também gera preocupações sobre o desemprego estrutural e a necessidade de requalificação massiva.

Além da automação de empregos, a IA está moldando a economia em suas raízes. A otimização de processos e a análise avançada de dados estão criando novas oportunidades de negócios e modelos de receita.

No entanto, essa revolução tecnológica também pode aprofundar a desigualdade econômica, com empresas e indivíduos que possuem recursos para capitalizar plenamente sobre as vantagens da IA, criando um hiato entre os que têm e os que não têm acesso a essa tecnologia.

A desigualdade também pode ser agravada pelo deslocamento de empregos. Trabalhadores de baixa renda que ocupam empregos que são suscetíveis à automação podem enfrentar dificuldades na transição para setores mais tecnológicos e qualificados.

É imperativo que as políticas públicas e os programas de treinamento se adaptem para oferecer suporte a esses trabalhadores, garantindo que eles não sejam deixados para trás na nova era tecnológica. Enquanto enfrentamos essas transformações, é fundamental abordar as implicações sociais e econômicas da IA de maneira holística.

O equilíbrio entre aproveitar as oportunidades proporcionadas pela automação e mitigar seus impactos negativos requer uma abordagem colaborativa e inovadora que permita que a sociedade abrace os benefícios da IA ao mesmo tempo que protege e capacita aqueles que estão em risco de serem marginalizados.

A transformação trazida pela IA não se limita apenas ao mercado de trabalho e à economia; ela também impacta profundamente a tomada de decisões e a ética. A crescente dependência de algoritmos de IA para tomadas de decisões em áreas como empréstimos, contratações e justiça levanta preocupações sobre transparência, equidade e discriminação algorítmica. À medida que esses algoritmos aprendem com dados históricos, podem perpetuar vieses existentes e ampliar disparidades sociais.

A privacidade também está em jogo com a proliferação da IA. A coleta massiva de dados para treinar modelos de IA levanta questões sobre a vigilância constante e o uso indevido de informações pessoais. A necessidade de encontrar um equilíbrio entre a utilização de dados para avanços tecnológicos e a proteção da privacidade individual é um desafio complexo.

Além disso, a IA também desafia noções tradicionais de trabalho e produtividade. O conceito de trabalho remoto, acelerado pela pandemia, é alimentado por tecnologias de comunicação e colaboração habilitadas pela IA. Isso não apenas muda a forma como as pessoas trabalham, mas também levanta questões sobre o equilíbrio entre vida profissional e pessoal, bem como a necessidade de redefinir políticas de trabalho flexíveis.

Na esfera educacional, a IA está redefinindo os métodos de aprendizado e treinamento. Plataformas de ensino online, tutoriais personalizados e assistentes virtuais de aprendizado estão moldando a forma como os indivíduos adquirem novas habilidades. No entanto, a necessidade de desenvolver competências digitais e a alfabetização em dados torna-se imperativa para permitir que as pessoas tirem o máximo proveito dessas oportunidades.

A adoção generalizada da IA também traz à tona questões éticas e regulatórias. Como as máquinas podem tomar decisões éticas em situações complexas? Quem é responsável por erros cometidos por sistemas de IA? Essas questões desafiam as bases da responsabilidade individual e coletiva, exigindo debates e estruturas regulatórias mais claras e abrangentes.

Portanto, a análise dos efeitos da IA na sociedade não é apenas uma reflexão sobre os impactos tangíveis, mas também uma exploração das transformações culturais, éticas e filosóficas que essa revolução tecnológica traz consigo. A necessidade de uma abordagem multidisciplinar e colaborativa se torna evidente, conforme a sociedade enfrenta a complexa interação entre avanços tecnológicos, desafios éticos e mudanças sociais. O próximo capítulo abordará a ética na IA de maneira mais profunda, explorando os princípios e dilemas éticos que emergem nesse cenário em constante evolução.

Discussão sobre como a IA tem moldado a forma como nos comunicamos, interagimos e compartilhamos informações.

A presença da inteligência artificial transcende as fronteiras físicas e se enraíza nos aspectos mais íntimos da nossa vida cotidiana, redefinindo a maneira como nos comunicamos, interagimos e compartilhamos informações. Plataformas de mídia social, como Facebook, Twitter e Instagram, incorporam algoritmos de IA que determinam o conteúdo que vemos em nossos feeds. Esses algoritmos analisam nossas interações anteriores e preferências para personalizar o conteúdo, moldando a maneira como percebemos o mundo e influenciando nossas opiniões.

A IA também está transformando a comunicação por meio da tradução automática. Serviços como o Google Tradutor utilizam redes neurais para fornecer traduções mais precisas e fluentes, permitindo que pessoas de diferentes partes do mundo se comuniquem e compartilhem conhecimentos de maneira mais eficaz, independentemente das barreiras linguísticas.

Assistentes virtuais, como a Alexa da Amazon e a Siri da Apple, redefiniram a interação homem-máquina. Esses sistemas utilizam técnicas de processamento de linguagem natural para entender e responder às perguntas e comandos dos usuários. Essas interações estão evoluindo para um novo paradigma de interação, onde os dispositivos podem entender o contexto e fornecer respostas relevantes e personalizadas.

A IA também influencia a produção de conteúdo. A geração automática de texto, como resumos de notícias e relatórios financeiros, economiza tempo e recursos, mas também levanta questões sobre a autenticidade e a qualidade do conteúdo gerado. Além disso, a criação de deepfakes, vídeos manipulados com tecnologias de IA, desafia a confiabilidade das informações que consumimos, abrindo portas para a disseminação de informações falsas.

A influência da inteligência artificial na comunicação e interação humanas é profunda e diversificada, permeando várias facetas de nossa vida digital. Além das redes sociais e tradução automática, a IA tem redefinido o campo do atendimento ao cliente. Chatbots e assistentes virtuais estão sendo implantados em sites e aplicativos para fornecer suporte instantâneo e respostas a perguntas frequentes. Essa abordagem agiliza o atendimento ao cliente, mas também coloca em destaque a importância de manter um equilíbrio entre a eficiência e a experiência humana personalizada.

A IA também está redefinindo a indústria de mídia e entretenimento. Algoritmos de recomendação personalizada estão moldando o conteúdo que consumimos em plataformas de streaming como Netflix e Spotify, adaptando-se às nossas preferências e padrões de consumo. No entanto, essa personalização pode criar bolhas de filtro, limitando nossa exposição a perspectivas diversas e, em última instância, moldando nossas visões de mundo.

Outro aspecto notável é a evolução das interfaces de usuário por meio da IA. O reconhecimento de voz e as interfaces de conversação estão se tornando cada vez mais presentes em nossos dispositivos, permitindo interações mais naturais e intuitivas. Essa mudança é particularmente significativa para pessoas com deficiências físicas, pois a IA oferece novas maneiras de se comunicar e interagir com a tecnologia.

No campo da educação, a IA está alterando a forma como aprendemos e ensinamos. Plataformas de aprendizado adaptativo usam algoritmos para personalizar os materiais e exercícios com base no desempenho e estilo de aprendizado de cada aluno. Isso permite uma educação mais eficaz e personalizada, capacitando os alunos a progredir em seu próprio ritmo.

No entanto, à medida que a IA desempenha um papel cada vez mais proeminente em nossa comunicação e interação diárias, questões éticas e de privacidade emergem. A coleta e análise de dados pessoais para melhorar a personalização levantam preocupações sobre como nossas informações estão sendo usadas e protegidas. A transparência na coleta e no uso de dados é essencial para manter a confiança dos usuários.

Conforme a IA continua a evoluir, é essencial adotar uma abordagem equilibrada que aproveite os benefícios da tecnologia, ao mesmo tempo que aborda seus desafios. A inovação na comunicação e interação é inevitável, mas a responsabilidade de moldar essas mudanças de maneira ética e inclusiva é uma tarefa que deve ser compartilhada por todos os atores da sociedade, desde desenvolvedores até formuladores de políticas e usuários finais.

Capítulo 5: Ética e Responsabilidade na Era da IA

Fonte: Bing

Prompt: Ética e Responsabilidade na Era da IA

À medida que a inteligência artificial permeia cada faceta da nossa existência, desde as rotinas diárias até os mais complexos dilemas sociais, surge uma questão fundamental que ecoa em corredores éticos e morais: como equilibrar o progresso tecnológico com a responsabilidade humana?

O 'Capítulo 5: Ética e Responsabilidade na Era da IA' nos conduz por uma exploração profunda dos desafios éticos intrincados que acompanham a ascensão da IA. Navegando por questões de privacidade, viés algorítmico, tomada de decisões autônomas e muito mais, examinamos como a sociedade enfrenta o imperativo de orientar a IA para um futuro ético e responsável

Exploração das implicações éticas da IA, incluindo viés algorítmico, privacidade e tomada de decisões autônomas.

À medida que a inteligência artificial ganha um papel central em nossas vidas, emergem questões complexas e multifacetadas sobre a ética subjacente às suas aplicações. O viés algorítmico é um dos desafios mais prementes, com sistemas de IA frequentemente refletindo preconceitos presentes nos dados de treinamento. Por exemplo, algoritmos de seleção de candidatos a emprego podem inadvertidamente favorecer um grupo demográfico específico, perpetuando desigualdades já existentes.

A privacidade também surge como uma preocupação central. A coleta massiva de dados por empresas e governos levanta questões sobre o direito dos indivíduos à autodeterminação e ao controle de suas informações pessoais.

Tecnologias como reconhecimento facial, quando usadas sem restrições, podem comprometer a privacidade dos cidadãos, expondo-os a um nível de vigilância que intrinsecamente viola seus direitos.

A tomada de decisões autônomas pela IA lança luz sobre a interseção entre tecnologia e moralidade. A implantação de veículos autônomos, por exemplo, enfrenta dilemas éticos complexos, como a escolha entre salvar o motorista ou pedestres em situações de acidente iminente. Essas decisões destacam a necessidade de programar algoritmos para refletir os valores e as preferências da sociedade.

A exploração ética da IA também contempla questões de responsabilidade. Quem é responsável quando uma decisão tomada por um algoritmo resulta em consequências negativas? A atribuição de responsabilidade pode se tornar difusa, à medida que os sistemas de IA tornam-se mais complexos e autônomos. Além disso, a transparência na tomada de decisões algorítmicas é fundamental, permitindo que os usuários compreendam como as decisões são alcançadas.

Essas implicações éticas complexas da IA exigem um diálogo global e uma abordagem colaborativa para garantir que a tecnologia seja utilizada para o bem da sociedade como um todo. Confrontar essas questões exige uma combinação de regulamentações, diretrizes éticas claras e uma mentalidade que coloca os princípios humanos e os valores fundamentais no cerne do desenvolvimento e uso da IA.

À medida que a inteligência artificial se torna mais presente e influente, é imperativo que consideremos a dimensão ética de suas implicações. Além das preocupações já mencionadas, o viés algorítmico é um desafio complexo que merece uma análise mais aprofundada. Os algoritmos de IA podem inadvertidamente perpetuar discriminações históricas presentes nos dados de treinamento, afetando a igualdade de oportunidades e justiça em áreas como empréstimos, contratação e sentença judicial. Enfrentar esse viés exige um compromisso rigoroso de diversidade e inclusão nos processos de desenvolvimento e revisão.

A privacidade digital é uma questão fundamental que se estende por várias fronteiras. A coleta e o uso não autorizado de dados pessoais levantam questões sobre a propriedade dos dados e a proteção da identidade. O direito à privacidade é essencial para a liberdade individual e a autodeterminação, e a regulamentação deve evoluir para garantir que as empresas e instituições atendam aos padrões éticos e legais de proteção de dados.

A tomada de decisões autônomas pela IA não apenas exige um exame minucioso dos dilemas éticos, mas também coloca em destaque a necessidade de desenvolver um sistema regulatório robusto. Quando as máquinas podem tomar decisões que afetam vidas humanas, é crucial garantir que essas decisões sejam feitas com base em princípios morais que reflitam os valores da sociedade. Além disso, a transparência em relação à forma como as decisões são tomadas é fundamental para estabelecer confiança e responsabilidade.

A responsabilidade na era da IA não é apenas um conceito abstrato; é um requisito essencial para o desenvolvimento ético e seguro da tecnologia. À medida que os sistemas de IA se tornam mais autônomos, a atribuição de responsabilidade pode se tornar desafiadora. É necessário um diálogo colaborativo entre a indústria, a academia e os governos para definir normas claras de responsabilidade e estabelecer mecanismos de prestação de contas em caso de falhas.

Em última análise, abordar as implicações éticas da IA exige uma abordagem holística e multidisciplinar. Ética, direitos humanos, tecnologia e política devem convergir para desenvolver diretrizes sólidas que garantam que a IA seja usada para melhorar a sociedade como um todo, em vez de prejudicá-la. A ética na IA não é uma preocupação isolada, mas uma responsabilidade coletiva que exige esforços contínuos para moldar um futuro tecnológico mais justo, inclusivo e responsável.

Debate sobre as responsabilidades das empresas, governos e indivíduos na utilização da IA de maneira ética.

O advento da inteligência artificial coloca em destaque a necessidade de um profundo exame das responsabilidades compartilhadas entre as entidades que moldam o cenário tecnológico. As empresas desempenham um papel crucial na definição das diretrizes éticas em torno da IA. Elas têm a responsabilidade de desenvolver algoritmos que minimizem viés, promovam a transparência e protejam a privacidade dos usuários. Um exemplo notável é o compromisso crescente das empresas em realizar avaliações de impacto ético em seus produtos de IA, identificando e mitigando riscos antes que eles se manifestem.

Os governos também têm um papel crucial na regulamentação e supervisão da utilização da IA. Estabelecer diretrizes claras para a coleta, armazenamento e uso de dados é essencial para proteger os direitos individuais e evitar abusos. Além disso, regulamentações que garantam a responsabilidade das empresas por decisões algorítmicas são fundamentais para garantir que as consequências negativas sejam devidamente enfrentadas.

Os indivíduos também desempenham um papel ativo na promoção da ética na era da IA. Ao adotar uma abordagem crítica ao uso de tecnologias de IA, os indivíduos podem demandar transparência e prestação de contas das empresas e governos. Educação sobre os princípios éticos da IA e o impacto potencial de suas aplicações é um passo vital para capacitar as pessoas a tomarem decisões informadas sobre sua interação com essas tecnologias.

A sociedade como um todo está chamada a participar do debate sobre o uso ético da IA. Fóruns públicos, grupos de defesa dos direitos digitais e iniciativas de conscientização desempenham um papel crucial na manutenção da pressão sobre empresas e governos para agirem de maneira responsável e ética.

O debate em torno das responsabilidades na utilização ética da inteligência artificial se estende a um ecossistema complexo que envolve uma interação dinâmica entre empresas, governos e indivíduos. As empresas, como impulsionadoras da inovação, estão cada vez mais cientes de que o sucesso sustentável está intrinsecamente ligado à adoção de práticas éticas. Além das ações mencionadas, a criação de conselhos de ética e a colaboração com especialistas em ética e direitos humanos são passos fundamentais para garantir que as tecnologias de IA não prejudiquem a sociedade.

Os governos desempenham um papel de destaque na definição do cenário regulatório para a IA. A colaboração internacional é crucial para estabelecer padrões éticos globais que transcendam fronteiras e garantam que as inovações tecnológicas se alinhem com valores humanos universais. O estabelecimento de agências reguladoras especializadas em IA e a criação de políticas claras para supervisionar o desenvolvimento e o uso de algoritmos são maneiras pelas quais os governos podem demonstrar compromisso com uma IA ética.

Os indivíduos têm um poder considerável nas decisões relacionadas à IA. Ao exercer escolhas informadas sobre quais tecnologias adotar e apoiar, os indivíduos podem influenciar diretamente as práticas das empresas e governos. A alfabetização digital e a educação sobre ética em IA capacitam as pessoas a tomar decisões fundamentadas e a reconhecer quando a tecnologia é usada de maneira inadequada ou prejudicial.

A academia também desempenha um papel vital nesse debate. A pesquisa e o desenvolvimento de padrões éticos na IA são essenciais para orientar as práticas da indústria e informar as políticas governamentais.

Os especialistas em ética da IA e direitos humanos contribuem com insights valiosos para garantir que os impactos negativos sejam minimizados e que a tecnologia seja usada para promover o bem-estar humano.

A colaboração entre empresas, governos e indivíduos é essencial para enfrentar os desafios éticos da IA. As empresas devem se comprometer não apenas com o desenvolvimento responsável de tecnologias de IA, mas também com a prestação de contas em caso de consequências negativas. Isso implica em estabelecer canais de comunicação abertos e transparentes para receber feedback da sociedade e se ajustar conforme necessário.

Os governos têm a responsabilidade de criar um ambiente regulatório que promova a inovação responsável e proteja os direitos dos cidadãos. Isso inclui não apenas a elaboração de leis e regulamentos, mas também a colaboração com especialistas em IA para entender e antecipar os impactos potenciais das tecnologias emergentes. O estabelecimento de padrões éticos claros pode orientar a indústria e garantir que a IA seja usada para o bem comum.

A participação ativa dos indivíduos é fundamental para moldar o futuro da IA. Ao adotar uma abordagem crítica, os usuários podem influenciar as políticas e práticas das empresas, optando por produtos e serviços que estejam alinhados com suas preocupações éticas. A educação sobre os riscos e benefícios da IA também é essencial, capacitando as pessoas a tomarem decisões informadas e a pressionarem por mudanças quando necessário.

Organizações da sociedade civil desempenham um papel vital na vigilância e no monitoramento da implementação da IA. Grupos de defesa dos direitos digitais podem identificar práticas questionáveis ou abusos e trazê-los à luz, incentivando a responsabilidade e a transparência. Essas organizações também podem advogar por políticas públicas que protejam os direitos dos cidadãos e promovam o uso ético da IA.

Além disso, é importante reconhecer que a ética na IA é um campo em constante evolução. À medida que a tecnologia avança e novos desafios surgem, as responsabilidades e as melhores práticas também podem mudar.

Portanto, a busca contínua por conhecimento, a colaboração e a adaptação são elementos-chave para garantir que a IA seja usada de maneira ética e responsável. Em última análise, o debate sobre as responsabilidades na utilização da IA de maneira ética é um reflexo do poder transformador dessa tecnologia. À medida que continuamos a explorar suas aplicações e implicações, devemos trabalhar juntos para construir um futuro onde a IA seja uma ferramenta que beneficie a humanidade como um todo, com considerações éticas e responsáveis no centro de todas as decisões.

Capítulo 6: Sinergia Humano-Máquina

Fonte: Bing

Prompt: Sinergia Humano-Máquina

À medida que as fronteiras entre o orgânico e o tecnológico se desvanecem, o 'Capítulo 6: Sinergia Humano-Máquina' nos convida a explorar a intrincada dança entre a habilidade humana e o potencial infinito da inteligência artificial. Neste capítulo, mergulharemos nas profundezas da colaboração entre seres humanos e máquinas, revelando como essa sinergia tem o poder de ampliar nossa criatividade, aprimorar a resolução de problemas e enriquecer nossa capacidade de tomada de decisões. Ao examinarmos exemplos ilustrativos de colaborações frutíferas em diversos setores, revelaremos um cenário onde os limites do possível estão em constante redefinição, desvendando um horizonte de possibilidades ilimitadas para o futuro humano-máquina.

Investigação sobre as colaborações entre humanos e máquinas, abordando como a IA pode melhorar a criatividade, a resolução de problemas e a tomada de decisões.

Em um mundo cada vez mais entrelaçado com a inteligência artificial, surgem oportunidades inovadoras para aprimorar as capacidades humanas através da colaboração com máquinas. A criatividade, muitas vezes considerada a essência da mente humana, também encontra terreno fértil na IA. Sistemas de geração de ideias, como aqueles que utilizam redes neurais para produzir música, arte ou literatura, demonstram como a IA pode expandir as fronteiras da expressão criativa, incorporando influências humanas e estilos autênticos.

Além disso, a IA desempenha um papel fundamental na amplificação da resolução de problemas complexos. Algoritmos de otimização podem analisar uma variedade de variáveis em questão de segundos, encontrando soluções eficientes em cenários de alta complexidade. Em áreas como a medicina, a IA pode processar grandes quantidades de dados clínicos e históricos para apoiar os profissionais de saúde na tomada de decisões informadas e diagnósticos precisos.

A tomada de decisões também é enriquecida pela presença da IA. Sistemas de recomendação, como os utilizados por plataformas de streaming e comércio eletrônico, analisam o comportamento do usuário para oferecer sugestões personalizadas. Esse processo não apenas aprimora a experiência do usuário, mas também expõe os indivíduos a uma variedade mais ampla de informações e opções. Um exemplo notável de sinergia humano-máquina está na área da robótica colaborativa. Robôs equipados com sistemas de IA podem trabalhar lado a lado com seres humanos em tarefas que exigem precisão, força ou resistência. Em ambientes de fabricação, por exemplo, a IA permite que robôs e trabalhadores humanos compartilhem espaços de trabalho de maneira segura e produtiva, potencializando a eficiência e a qualidade do trabalho.

Além de aprimorar a criatividade, a IA também se destaca na melhoria da resolução de problemas complexos em áreas científicas e de engenharia. Na pesquisa científica, a análise de grandes conjuntos de dados pode levar a descobertas inovadoras, como a identificação de padrões sutis que podem passar despercebidos aos olhos humanos. Em engenharia, a simulação por computador com IA permite testar hipóteses e protótipos de maneira mais rápida e econômica, acelerando o processo de design e desenvolvimento.

A colaboração humano-máquina também desempenha um papel crucial na medicina de precisão. A análise de dados genéticos e de históricos médicos, aliada à capacidade de processamento da IA, permite a personalização de tratamentos e terapias para pacientes, considerando suas características únicas. Isso não apenas aumenta a eficácia dos tratamentos, mas também leva a melhores resultados de saúde.

A inteligência coletiva entre humanos e máquinas pode ser exemplificada nas competições de xadrez e Go. Jogadores humanos que colaboram com programas de IA avançados demonstraram que essa combinação pode superar as habilidades individuais, resultando em jogadas mais criativas e estratégias aprimoradas. Essa abordagem também pode se estender a outras áreas, como pesquisa científica colaborativa.

A IA também tem o potencial de democratizar o acesso a conhecimentos especializados. Plataformas que utilizam IA para responder a perguntas complexas ou fornecer tutoriais interativos podem capacitar indivíduos com informações relevantes e úteis, independentemente de sua formação ou localização. Isso contribui para a disseminação do conhecimento e o desenvolvimento contínuo das habilidades das pessoas.

No campo da educação, a colaboração humano-máquina pode criar ambientes de aprendizado mais adaptativos e personalizados. Sistemas de tutoria baseados em IA podem identificar lacunas no conhecimento do aluno e fornecer materiais de estudo direcionados. Além disso, a IA pode ser usada para avaliar o progresso dos alunos de maneira objetiva, permitindo ajustes contínuos para otimizar o aprendizado.

Em resumo, a sinergia entre humanos e máquinas na era da IA traz consigo uma infinidade de possibilidades para aprimorar a criatividade, a resolução de problemas e a tomada de decisões em diversos campos. Ao aproveitar as forças complementares de ambos, podemos desvendar novos horizontes de inovação e alcançar resultados que antes eram inimagináveis

Exemplos de coexistência bem-sucedida entre humanos e tecnologia em diferentes setores.

A coexistência harmoniosa entre seres humanos e tecnologia é evidente em uma variedade de setores, onde a sinergia entre as habilidades humanas e a capacidade da IA tem levado a avanços notáveis. Na área da saúde, por exemplo, médicos e sistemas de IA estão colaborando para diagnósticos mais precisos e tratamentos personalizados. A análise de imagens médicas por algoritmos de IA ajuda a detectar sinais de doenças em estágios iniciais, melhorando as chances de recuperação.

O setor financeiro também experimenta uma cooperação eficaz entre humanos e tecnologia. Traders e algoritmos de negociação trabalham em conjunto para analisar dados de mercado em tempo real e tomar decisões de investimento. A velocidade e precisão da IA permitem que essas parcerias respondam às mudanças do mercado de maneira mais eficiente, otimizando as estratégias de investimento.

Na educação, a sinergia entre humanos e tecnologia transformou a forma como aprendemos e ensinamos. Plataformas de aprendizado online empregam IA para adaptar o conteúdo às necessidades individuais dos alunos, oferecendo um ambiente de aprendizado personalizado e eficaz.

Além disso, chatbots e assistentes virtuais auxiliam os estudantes em questões acadêmicas e administrativas, aliviando a carga de trabalho dos professores.

A indústria da mobilidade também testemunha a coexistência frutífera entre humanos e tecnologia. Carros autônomos são um exemplo notável, onde a IA permite que os veículos naveguem e tomem decisões em estradas movimentadas. A supervisão humana é crucial para situações complexas, mas a IA garante uma condução segura e eficiente em condições normais.

No campo da indústria, a colaboração entre humanos e tecnologia está revolucionando os processos de fabricação. Robôs industriais equipados com sensores e IA trabalham lado a lado com operadores humanos para tarefas que exigem precisão e repetibilidade. A IA otimiza o fluxo de trabalho, garantindo a qualidade e a eficiência na produção.

No setor de atendimento ao cliente, chatbots e sistemas de suporte automatizados estão se tornando cada vez mais comuns. Essas tecnologias podem responder a perguntas frequentes, fornecer informações básicas e direcionar os clientes para as soluções adequadas. Isso libera os agentes de atendimento para se concentrarem em questões mais complexas e interações mais personalizadas.

A agricultura também está se beneficiando da coexistência entre humanos e tecnologia. Drones equipados com câmeras e sensores de imagem térmica ajudam os agricultores a monitorar o crescimento das plantas, identificar áreas de estresse e aplicar tratamentos precisos. Essa abordagem melhora a eficiência do cultivo e reduz a utilização de produtos químicos.

Na área de pesquisa científica, a IA está acelerando a descoberta de novos materiais e medicamentos. Algoritmos de machine learning são usados para analisar combinações moleculares e prever suas propriedades. Isso encurta significativamente o tempo necessário para identificar compostos promissores, abrindo portas para avanços científicos mais rápidos.

A coexistência entre humanos e tecnologia também está transformando a logística e a cadeia de suprimentos. Sistemas de IA monitoram a demanda e otimizam a rota de entrega de produtos, minimizando os custos e o tempo de transporte.

Além disso, a utilização de robôs autônomos em armazéns agiliza o processo de coleta e embalagem de produtos.

Por fim, no setor de entretenimento e criação de conteúdo, a IA está se tornando uma ferramenta valiosa para artistas e criadores. Algoritmos de geração de música, edição de vídeo e design gráfico auxiliam na criação de conteúdo único e impactante. Essas ferramentas permitem que os criadores explorem novas formas de expressão e inovação.

Esses exemplos demonstram claramente que a coexistência bem-sucedida entre humanos e tecnologia está transformando diversos setores, impulsionando a eficiência, a inovação e a qualidade em uma ampla gama de atividades humanas.

Capítulo 7: IA e Evolução Cognitiva Humana

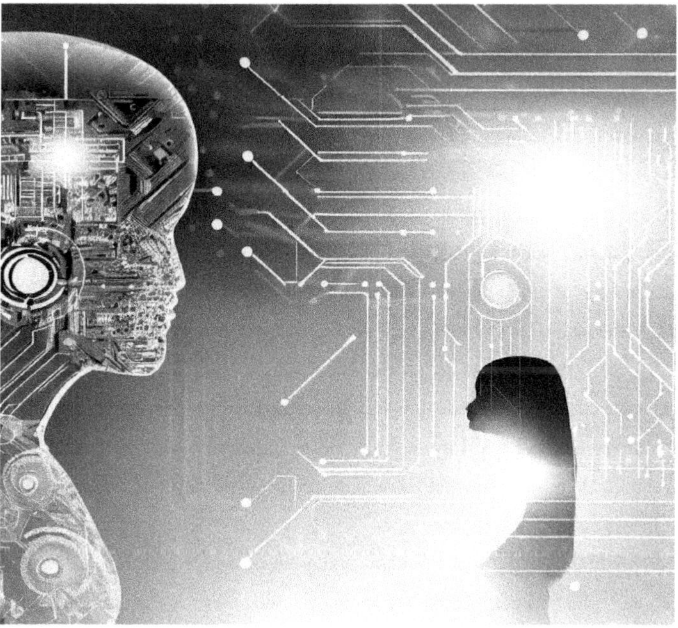

Fonte: Bing

Prompt: IA e Evolução Cognitiva Humana

No intercâmbio constante entre inovação e evolução, a inteligência artificial emerge como um catalisador intrigante da transformação cognitiva humana.

No 'Capítulo 7: IA e Evolução Cognitiva Humana', mergulharemos nas profundezas dessa relação simbiótica, explorando como a IA tem moldado e enriquecido a maneira como pensamos, resolvemos problemas e adquirimos conhecimento. Ao examinarmos como a interação com a IA está refletindo na evolução da mente humana, revelaremos um panorama onde a fronteira entre o potencial da máquina e a capacidade inerente do ser humano se entrelaçam em um processo de crescimento mútuo e expansão intelectual

Exploração das maneiras pelas quais a IA tem influenciado o desenvolvimento da mente humana, incluindo o aprimoramento de habilidades cognitivas e a expansão do conhecimento.

A presença onipresente da inteligência artificial está lançando novas luzes sobre o potencial da evolução cognitiva humana. Enquanto nos deparamos com desafios complexos e buscas intelectuais, a IA se ergue como um parceiro incansável, oferecendo uma miríade de ferramentas para aprimorar nossas habilidades cognitivas. Plataformas de aprendizado assistido por IA, por exemplo, oferecem feedback personalizado e desafios adaptativos, estimulando a mente a se superar em áreas como resolução de problemas e habilidades analíticas.

A expansão do conhecimento humano também encontra terreno fértil na interação com a IA. Acessibilidade a vastas quantidades de informações e dados oferece oportunidades sem precedentes para aquisição de conhecimento. Assistente de voz como o Google Assistente e a Siri fornecem respostas instantâneas a uma variedade de perguntas, ampliando nossas perspectivas e permitindo a exploração de tópicos que antes eram inacessíveis.

A IA também desempenha um papel fundamental no desenvolvimento de habilidades de resolução de problemas complexos. Por meio de simulações e jogos interativos, a IA oferece um ambiente seguro para a prática e aprimoramento de habilidades práticas e analíticas. Essas experiências de aprendizado podem aprofundar a compreensão dos indivíduos sobre conceitos abstratos e desafios do mundo real.

A aprendizagem de máquina também revoluciona a análise de dados, permitindo que os humanos processem e compreendam informações em uma escala monumental. A IA pode identificar padrões e tendências ocultas em grandes conjuntos de dados, auxiliando pesquisadores em áreas como genômica, mudanças climáticas e economia a fazer descobertas significativas.

Além do aprimoramento de habilidades cognitivas, a IA também está desempenhando um papel fundamental na personalização da educação. Plataformas de aprendizado adaptativo utilizam algoritmos de IA para entender o ritmo e o estilo de aprendizado de cada aluno. Isso permite que o conteúdo seja entregue de forma personalizada, atendendo às necessidades individuais e promovendo um aprendizado mais eficaz e envolvente.

A IA está redefinindo a forma como os indivíduos se envolvem com informações e conhecimento. Algoritmos de recomendação utilizados em plataformas de mídia e pesquisa na internet apresentam conteúdo relevante com base em nossos interesses e histórico de navegação. Isso não apenas expõe as pessoas a uma gama mais ampla de informações, mas também as encoraja a explorar tópicos diversos e expandir suas perspectivas.

A interpretação e análise de linguagem natural são áreas em que a IA tem se destacado. Ferramentas de processamento de linguagem natural, como análise de sentimentos e extração de informações, estão permitindo que os humanos entendam e interajam com grandes volumes de texto de maneira mais eficiente. Isso é especialmente valioso em setores como pesquisa acadêmica, jurídica e jornalística.

A colaboração entre humanos e máquinas na resolução de problemas complexos está promovendo uma abordagem mais interdisciplinar para enfrentar desafios globais. A IA pode integrar informações de várias disciplinas, fornecendo insights valiosos que seriam difíceis de obter de outra forma. Essa abordagem holística está impulsionando a inovação e acelerando o progresso em campos como medicina, ciências ambientais e tecnologia.

A IA também está enriquecendo a prática da tomada de decisões informadas. Sistemas de análise de dados podem processar informações de forma mais rápida e precisa do que os seres humanos, fornecendo informações críticas para decisões estratégicas em áreas como negócios, política e pesquisa. No entanto, é importante lembrar que a IA deve ser usada como ferramenta de apoio à decisão, complementando o discernimento humano.

O desenvolvimento da mente humana não se limita apenas à aquisição de habilidades cognitivas, mas também à capacidade de compreender o contexto ético e social em que a IA é aplicada. A reflexão sobre as implicações éticas e os limites da IA é fundamental para garantir que sua influência seja benéfica e responsável, preservando os valores e a integridade humanos à medida que exploramos os limites do conhecimento e da criatividade.

Capítulo 8: Desafios Futuros e Fronteiras da IA

Fonte: Bing

Prompt: Desafios Futuros e Fronteiras da IA

Discussão sobre os obstáculos técnicos e éticos que a IA ainda enfrenta.

Embora a inteligência artificial tenha alcançado realizações notáveis, ela também se depara com um conjunto complexo de desafios técnicos e éticos que lança luz sobre o horizonte em evolução da tecnologia. Um obstáculo central é o viés algorítmico, onde os algoritmos podem refletir preconceitos presentes nos dados de treinamento, perpetuando desigualdades sociais. Por exemplo, sistemas de reconhecimento facial podem ser menos precisos ao identificar pessoas de grupos étnicos minoritários, devido à falta de diversidade nos dados de treinamento.

A segurança cibernética é outro desafio crucial. À medida que a IA se torna mais integrada em sistemas críticos, como infraestruturas e dispositivos médicos conectados, a ameaça de ataques cibernéticos se intensifica. O desenvolvimento de soluções para garantir a integridade e segurança dos sistemas de IA é imperativo para evitar consequências desastrosas.

A falta de transparência em algoritmos complexos é uma preocupação ética significativa. Modelos de IA de aprendizado profundo muitas vezes operam em camadas obscuras, tornando difícil entender como chegam a certas decisões. Isso levanta questões sobre a responsabilidade e a prestação de contas quando algoritmos influenciam decisões críticas em setores como justiça criminal e cuidados de saúde.

Além disso, a autonomia e a tomada de decisões autônomas da IA trazem dilemas éticos. Em áreas como veículos autônomos e sistemas de defesa militar, a capacidade da IA de tomar decisões por conta própria levanta questões sobre quem é responsável por decisões que podem ter consequências graves.

A escalabilidade da IA também é um desafio técnico. Modelos de IA complexos frequentemente requerem vastas quantidades de dados e poder de processamento, levando a preocupações sobre consumo de energia e eficiência. Soluções inovadoras, como a computação quântica, estão sendo exploradas para lidar com esses desafios e permitir o avanço contínuo da IA.

A questão da responsabilidade legal e ética na IA também está em foco. Quando a IA toma decisões que afetam as vidas das pessoas, como em diagnósticos médicos ou decisões de concessão de crédito, surge a pergunta de quem é responsável por erros ou resultados negativos.

A definição de responsabilidade em um cenário onde a tomada de decisões é compartilhada entre humanos e máquinas é um desafio complexo que requer considerações legais e éticas profundas.

A evolução da IA levanta a preocupação com a substituição de empregos humanos por máquinas. Embora a automação possa aumentar a eficiência, também pode causar deslocamento de trabalhadores e aumentar a desigualdade econômica. A requalificação da força de trabalho para se adaptar às demandas da era da IA é um desafio fundamental para garantir que os benefícios da tecnologia sejam distribuídos de maneira equitativa.

A ética na coleta e uso de dados também é uma preocupação crucial. À medida que a IA depende de grandes quantidades de dados para funcionar eficazmente, a privacidade dos indivíduos e a proteção de suas informações pessoais estão em risco. O desenvolvimento de regulamentações rigorosas para garantir a coleta e o uso ético de dados é fundamental para mitigar essas preocupações.

A "caixa preta" da IA, onde algoritmos complexos operam de maneira obscura e difícil de entender, também apresenta um desafio para a confiabilidade e a explicabilidade. À medida que a IA é cada vez mais integrada em sistemas críticos, a capacidade de entender como a IA toma decisões torna-se crucial para a confiança e a aceitação da tecnologia.

O debate sobre a criação de um quadro regulatório para a IA também é um ponto de controvérsia. Regular demais pode sufocar a inovação, enquanto regular pouco pode permitir abusos e riscos. Encontrar um equilíbrio entre a promoção da inovação e a proteção dos interesses individuais e da sociedade é um desafio que os governos e especialistas em IA estão enfrentando.

O conceito de singularidade da IA, onde as máquinas se tornariam autossuficientes em termos de aprendizado e tomada de decisões, levanta questões sobre o controle humano e a segurança futura. Embora esse cenário possa estar longe de ser realidade, é importante considerar as implicações éticas e práticas de uma IA que possa ultrapassar a inteligência humana.

A falta de padrões e interoperabilidade na IA é um desafio que limita a colaboração e a aplicação em escala. A criação de padrões comuns para o desenvolvimento e a implementação de IA pode facilitar a cooperação entre diferentes sistemas e garantir um ambiente mais uniforme e transparente.

O rápido avanço da IA também pode criar disparidades globais. Países com acesso e recursos limitados podem ficar para trás em termos de desenvolvimento e aplicação de IA, agravando a divisão digital. Iniciativas globais para democratizar o acesso à IA e compartilhar conhecimento podem ajudar a mitigar essas disparidades e garantir um progresso mais equitativo.

Exploração das possíveis direções futuras da pesquisa em IA e como elas poderiam impactar nossa compreensão da evolução humana.

À medida que nos debruçamos sobre o horizonte da inteligência artificial, vislumbramos um vasto terreno de possibilidades que pode redefinir nossa compreensão da evolução humana. A pesquisa em IA continua a trilhar caminhos inexplorados, e os avanços previstos têm o potencial de criar um impacto profundo em nossa sociedade e em nossa própria essência. Uma direção promissora é a IA interpretativa, onde algoritmos são projetados para entender, interpretar e até emular a criatividade humana, gerando música, arte e literatura que se assemelham às produções humanas.

Ao olhar para o futuro da IA, também nos deparamos com a busca pela criação de sistemas verdadeiramente autônomos, capazes de aprendizado contínuo e adaptação a novos contextos. Essa direção não apenas expandiria as capacidades da IA em diversos campos, mas também abriria portas para novas formas de colaboração entre humanos e máquinas, permitindo que trabalhassem juntos de maneira mais integrada.

A pesquisa em IA também está se voltando para a compreensão e replicação da inteligência geral. A criação de máquinas que possam aprender e executar uma ampla variedade de tarefas, de forma semelhante à capacidade humana, é um objetivo ambicioso que poderia impulsionar avanços significativos em diversas áreas, incluindo medicina, ciência e indústria.

Além disso, a IA está explorando a interseção entre inteligência artificial e biologia, com pesquisas em direção à criação de interfaces cérebro-máquina e sistemas de IA que se assemelham mais ao funcionamento do cérebro humano.

Essas direções poderiam revolucionar nossa compreensão da cognição, permitindo uma comunicação direta entre cérebros e máquinas e potencialmente abrindo portas para novos níveis de aprendizado e experiência.

Uma área em rápido crescimento é a IA quântica, que aproveita os princípios da mecânica quântica para realizar cálculos muito mais complexos e rápidos do que a computação clássica. Essa direção promete transformar a capacidade de processamento da IA, abordando problemas que eram anteriormente considerados intratáveis. Isso poderia levar a avanços em áreas como criptografia, simulações de sistemas complexos e descobertas científicas fundamentais.

A pesquisa em IA também está explorando maneiras de tornar a tecnologia mais compreensível e interpretável para os seres humanos. Modelos de IA que são capazes de explicar suas decisões e raciocínios de maneira acessível podem aumentar a confiança dos usuários e permitir um uso mais ético e responsável da tecnologia. A criação de sistemas de IA que podem "mostrar o seu trabalho" é uma direção importante para mitigar o problema da "caixa preta".

Outra área de interesse é a IA ética, onde os pesquisadores estão se concentrando em desenvolver algoritmos que tomem decisões de maneira ética e justa. Isso envolve a incorporação de princípios éticos nas decisões da IA, a fim de evitar resultados discriminatórios, injustos ou prejudiciais. Essa direção é essencial para garantir que a IA seja uma força positiva na sociedade e não amplie as desigualdades existentes.

A pesquisa em IA está explorando abordagens mais eficazes de treinamento de modelos de aprendizado profundo com quantidades cada vez maiores de dados. Além disso, os cientistas estão buscando maneiras de reduzir a pegada de carbono da IA, tornando-a mais sustentável e alinhada com preocupações ambientais.

A evolução da IA também pode ser impulsionada por avanços na compreensão da neurociência e do funcionamento do cérebro humano. À medida que aprendemos mais sobre os processos cognitivos e os mecanismos neurais, podemos usar esse conhecimento para inspirar novas abordagens na criação de algoritmos de IA mais eficientes e poderosos. A exploração de sistemas de IA que podem aprender com menos dados, também conhecida como aprendizado com poucas amostras, é outra direção promissora. Essa abordagem permitiria que a IA aprendesse com conjuntos menores de dados, tornando-a mais ágil e adaptável a cenários do mundo real, onde grandes quantidades de dados podem não estar disponíveis.

Em resumo, o futuro da pesquisa em IA é cheio de possibilidades emocionantes e desafiadoras. À medida que a tecnologia avança, continuamos a moldar a relação entre humanos e máquinas, explorando novos horizontes de criatividade, conhecimento e evolução cognitiva. O equilíbrio entre a inovação tecnológica e a consideração ética e social será fundamental para aproveitar ao máximo o potencial da IA em benefício de toda a humanidade.

Capítulo 9: Imaginando um Futuro Sustentável

Fonte: Bing

Prompt:Imaginando um Futuro Sustentável

Visão sobre como a IA e os humanos podem trabalhar juntos para criar um futuro mais equitativo e sustentável.

O caminho em direção a um futuro mais equitativo e sustentável é pavimentado pela colaboração harmoniosa entre a inteligência artificial e os seres humanos. Imagine um mundo onde a IA não apenas otimiza processos, mas também ajuda a solucionar desafios sociais e ambientais.

Na área da saúde, sistemas de IA podem analisar dados de pacientes para identificar padrões de doenças, contribuindo para diagnósticos precoces e tratamentos eficazes. Além disso, na agricultura, a IA pode prever safras e otimizar o uso de recursos, reduzindo o desperdício e contribuindo para a segurança alimentar global.

A equidade social também pode ser promovida pela IA, à medida que ela ajuda a eliminar barreiras de acesso a oportunidades. Plataformas de aprendizado assistido por IA podem proporcionar educação personalizada a pessoas em áreas remotas, empoderando indivíduos com conhecimento e habilidades, independentemente de sua localização geográfica. Além disso, a IA pode ser usada para identificar e abordar o viés em processos de recrutamento e seleção, promovendo a diversidade e inclusão nas organizações.

A sustentabilidade ambiental é outro campo onde a colaboração entre IA e humanos é essencial. A IA pode analisar grandes volumes de dados ambientais para prever mudanças climáticas e identificar estratégias de mitigação. Em cidades inteligentes, a IA pode otimizar o uso de recursos, como energia e água, para reduzir o impacto ambiental. Além disso, sistemas de IA podem monitorar a biodiversidade e identificar ameaças a ecossistemas frágeis.

A cooperação entre humanos e IA não se limita a soluções práticas. A IA também pode impulsionar a criação artística e a expressão cultural. Imagine obras de arte colaborativas, onde artistas humanos trabalham em conjunto com algoritmos criativos para produzir composições únicas. Além disso, a IA pode oferecer acesso a uma riqueza de literatura, música e arte de diferentes culturas, promovendo uma compreensão global mais profunda e intercâmbio cultural.

A colaboração entre IA e humanos também pode desempenhar um papel fundamental na resposta a crises globais. Diante de desastres naturais, pandemias ou outras emergências, a IA pode analisar dados em tempo real e prever padrões de propagação, auxiliando os esforços de resposta e recuperação. Além disso, a IA pode ser usada para agilizar a pesquisa médica e desenvolver terapias inovadoras, acelerando a descoberta de tratamentos para doenças graves.

A criação de uma infraestrutura de transporte mais sustentável é outra área onde a colaboração entre IA e humanos pode ter um impacto significativo. A IA pode ser usada para otimizar o gerenciamento do tráfego, melhorar a eficiência energética de veículos e facilitar o desenvolvimento de sistemas de transporte público mais eficazes. Isso não apenas reduziria a emissão de poluentes, mas também melhoraria a mobilidade e a qualidade de vida nas cidades.

A IA também tem o potencial de revolucionar a assistência médica global. Em regiões carentes de recursos, a telemedicina baseada em IA pode proporcionar acesso a diagnósticos e tratamentos médicos de qualidade, conectando pacientes a especialistas em todo o mundo. Isso permitiria uma distribuição mais equitativa dos serviços de saúde e ajudaria a combater disparidades no atendimento médico.

Na área de energia renovável, a colaboração entre IA e humanos pode acelerar a transição para fontes de energia limpa. A IA pode analisar padrões de consumo de energia e prever a demanda, permitindo um gerenciamento mais eficiente da rede elétrica e o uso máximo de fontes renováveis, como solar e eólica.

A colaboração entre IA e humanos também pode gerar avanços significativos na educação. Sistemas de tutoria baseados em IA podem oferecer suporte individualizado a alunos, identificando suas lacunas de conhecimento e adaptando o material de aprendizado. Isso poderia melhorar a qualidade da educação em todo o mundo e garantir que cada aluno tenha a oportunidade de desenvolver seu potencial máximo.

Por fim, a colaboração entre IA e humanos tem o potencial de transformar a indústria de pesquisa científica. A IA pode acelerar a análise de dados complexos, simulações computacionais e descobertas científicas, permitindo que os cientistas explorem novas fronteiras do conhecimento e enfrentem desafios globais com maior eficiência.

Em resumo, a visão de um futuro mais equitativo e sustentável, construído sobre a colaboração entre IA e seres humanos, oferece oportunidades inovadoras para enfrentar os desafios mais prementes da sociedade.

Ao unir o poder da tecnologia com a criatividade, compaixão e visão humana, podemos aspirar a um mundo onde a IA seja uma ferramenta para promover o bem-estar coletivo e criar um futuro verdadeiramente transformador.

Abordagem das estratégias para mitigar riscos e maximizar os benefícios da IA.
Para maximizar os benefícios da IA e mitigar possíveis consequências negativas, é fundamental adotar uma abordagem estratégica e responsável. Uma estratégia chave é a promoção da transparência nos algoritmos de IA. As empresas e organizações devem divulgar as bases de treinamento, os critérios de tomada de decisão e os processos pelos quais a IA chega a suas conclusões, permitindo uma análise crítica e evitando a opacidade.

Governança ética da IA é essencial para garantir seu uso responsável. As organizações devem adotar diretrizes e códigos de conduta que promovam a equidade, diversidade e inclusão em todas as etapas do desenvolvimento e implementação da IA. Isso inclui avaliações de impacto ético para identificar e mitigar possíveis consequências prejudiciais.

A Regulamentação desempenha um papel fundamental na mitigação de riscos da IA. Governos e agências regulatórias devem estabelecer padrões claros e responsabilidades para o uso da IA em setores sensíveis, como saúde, finanças e segurança. Ao mesmo tempo, a regulamentação deve ser flexível o suficiente para acompanhar os avanços tecnológicos em constante evolução.

A Colaboração internacional também é crucial na abordagem dos desafios da IA. A criação de acordos globais para o desenvolvimento e uso ético da IA pode ajudar a estabelecer diretrizes consistentes em todo o mundo, evitando a fragmentação das regulamentações e promovendo padrões elevados de responsabilidade.

Educação e conscientização também desempenham um papel importante na mitigação de riscos da IA. Ao capacitar as pessoas com conhecimento sobre os benefícios e os possíveis perigos da IA, podemos cultivar uma sociedade mais crítica e informada. Workshops, programas de treinamento e campanhas de conscientização são ferramentas eficazes para envolver o público e promover discussões construtivas.

Além disso, é essencial investir em pesquisa contínua sobre ética e segurança da IA. A comunidade científica, as empresas e os governos devem colaborar para identificar possíveis cenários de risco e desenvolver medidas preventivas. A pesquisa multidisciplinar pode explorar os impactos sociais, psicológicos e econômicos da IA, contribuindo para a tomada de decisões informadas.

A responsabilidade legal também desempenha um papel crítico na mitigação de riscos da IA. É necessário definir quem é responsável por decisões e ações tomadas por sistemas de IA, especialmente em casos de resultados negativos. Isso pode envolver o estabelecimento de leis e regulamentações claras sobre a atribuição de responsabilidades, considerando tanto os fabricantes quanto os operadores de sistemas de IA.

A privacidade e a proteção de dados também são fatores fundamentais na mitigação de riscos. Políticas rigorosas de privacidade devem ser implementadas para garantir que a coleta e o uso de dados sejam transparentes e consentidos. Mecanismos de anonimização e criptografia podem ser aplicados para proteger informações sensíveis e minimizar os riscos de vazamento de dados.

Um foco contínuo na pesquisa em segurança cibernética é imprescindível. A IA está suscetível a ataques e manipulações que podem ter consequências devastadoras. Desenvolver sistemas de defesa robustos e mecanismos de detecção de ameaças é crucial para garantir a integridade dos sistemas de IA e prevenir possíveis abusos. Além disso, a adoção de práticas de auditoria e supervisão de IA pode ajudar a identificar e corrigir possíveis vieses, erros e consequências indesejadas. Estabelecer equipes de revisão independentes que avaliem regularmente os sistemas de IA pode contribuir para a detecção precoce de problemas e a melhoria contínua.

Em última análise, a abordagem para maximizar os benefícios e mitigar riscos da IA deve ser holística e colaborativa. A convergência de esforços de governos, empresas, pesquisadores, organizações da sociedade civil e comunidades globais é essencial para estabelecer um ambiente em que a IA seja utilizada de forma responsável, ética e equitativa, impulsionando o progresso humano sem comprometer os valores fundamentais da sociedade

Capítulo 10. Encontrando um Caminho

Fonte: Bing

Prompt: Encontrando um Caminho para imigrar no mundo da IA

Tecnologias para iniciar a jornada na Inteligência Artificial e expandir o conhecimento

Entrar no mundo da inteligência artificial pode parecer intimidante à primeira vista, mas existem várias tecnologias acessíveis que podem facilitar sua entrada e aprendizado nesse campo dinâmico e emocionante.

Plataformas de Aprendizado Online: Uma maneira acessível e flexível de começar a aprender sobre inteligência artificial é por meio de plataformas de ensino online. Websites e plataformas como Coursera, edX e Khan Academy oferecem cursos introdutórios em IA, desde os conceitos básicos até tópicos mais avançados. Esses cursos são projetados para pessoas de todos os níveis de conhecimento, permitindo que você avance gradualmente à medida que ganha confiança.

Ferramentas de Programação Amigáveis: Você não precisa ser um especialista em programação para começar a explorar a IA. Ferramentas como TensorFlow e PyTorch oferecem ambientes de programação amigáveis para aprender sobre aprendizado de máquina e redes neurais. Tutoriais e documentação estão amplamente disponíveis online, permitindo que você crie seus próprios projetos e experimente diferentes algoritmos.

Plataformas de Simulação: Muitas plataformas oferecem ambientes de simulação onde você pode experimentar conceitos de IA de maneira prática e interativa. Plataformas como OpenAI Gym oferecem uma ampla gama de ambientes de aprendizado de máquina pré-construídos que permitem que você treine e teste algoritmos em cenários do mundo real.

Fóruns e Comunidades Online: Juntar-se a fóruns e comunidades online dedicados à IA é uma maneira valiosa de aprender com outros entusiastas e profissionais. Reddit, Stack Overflow e Discord têm comunidades ativas onde você pode fazer perguntas, compartilhar suas descobertas e receber orientações de especialistas.

Cursos Universitários Online: Universidades de renome estão disponibilizando cursos online gratuitos ou acessíveis em IA. Esses cursos muitas vezes seguem o mesmo currículo de suas aulas presenciais e oferecem uma compreensão aprofundada dos princípios fundamentais da IA.

Laboratórios de Experimentação: Além das ferramentas de programação, muitos laboratórios de pesquisa e instituições acadêmicas oferecem ambientes de experimentação online. Esses laboratórios permitem que você acesse conjuntos de dados reais e realize experimentos práticos em áreas específicas da IA, como visão computacional, processamento de linguagem natural e aprendizado por reforço.

Tutoriais e Blogs: A internet está repleta de tutoriais e blogs criados por especialistas em IA e aprendizado de máquina. Esses recursos são uma ótima maneira de aprofundar seu conhecimento sobre conceitos específicos, algoritmos e técnicas. Muitos especialistas compartilham seus insights e experiências, tornando a aprendizagem da IA mais acessível e interessante.

Hackathons e Competições: Participar de hackathons e competições de IA é uma maneira emocionante de aplicar seus conhecimentos em projetos do mundo real. Plataformas como Kaggle oferecem desafios que variam desde a análise de dados até a criação de modelos de previsão avançados. Essas competições incentivam a resolução criativa de problemas e a colaboração com outros entusiastas.

Projetos Pessoais: Uma maneira eficaz de aprender é colocar em prática o que você aprendeu. Desenvolva projetos pessoais relacionados à IA, como a criação de chatbots, reconhecimento de padrões em imagens ou até mesmo a construção de um pequeno robô controlado por IA. Esses projetos práticos ajudarão a consolidar seu conhecimento e a desenvolver suas habilidades.

Livros e Recursos Impressos: Além das plataformas online, muitos livros e recursos impressos fornecem uma base sólida para aprender sobre IA. Autores renomados escreveram livros abrangentes que cobrem desde conceitos básicos até tópicos avançados, fornecendo uma perspectiva aprofundada e estruturada sobre o assunto.

Mentoria e Redes Profissionais: Buscar mentoria de profissionais experientes na área de IA pode ser extremamente valioso. Participar de redes profissionais, eventos e conferências dedicados à IA oferece oportunidades para se conectar com pessoas que compartilham interesses semelhantes e aprender com suas experiências práticas.

Com acesso a essas tecnologias e recursos, você estará bem equipado para iniciar sua jornada na inteligência artificial e expandir seu conhecimento nesse campo emocionante e em constante evolução. Lembre-se de que a prática consistente e a exploração ativa são fundamentais para aprimorar suas habilidades e compreensão da IA.

.

Fonte: Bing

Prompt: Conclusão do livro Mentes e Máquinas

Recapitulação dos principais pontos discutidos ao longo do livro

Este livro nos conduziu por uma jornada abrangente e cativante através das complexas interações entre a inteligência artificial e a evolução humana. Através da exploração das raízes históricas da IA, sua ascensão contemporânea e seus impactos sociais, éticos e cognitivos, pudemos compreender como essa tecnologia se entrelaça com nossa jornada evolutiva.Exploramos a colaboração entre humanos e máquinas, as possibilidades futuras da pesquisa em IA e os desafios técnicos e éticos que ela enfrenta. Ao longo desses capítulos, percebemos que a IA é uma ferramenta poderosa, capaz de impulsionar avanços extraordinários, mas também enfrenta questões complexas que exigem responsabilidade, colaboração e visão.

Convite à reflexão sobre o papel da IA na evolução contínua da humanidade

O papel da IA em nossa evolução contínua é uma questão que continua a nos desafiar. À medida que avançamos em direção a um futuro onde a IA desempenhará um papel cada vez mais central, é essencial refletir sobre como direcionamos essa jornada. A IA não é apenas uma ferramenta tecnológica, mas um reflexo de nossos valores, aspirações e escolhas como sociedade. Convidamos você a considerar como a IA pode ser moldada para promover uma sociedade mais equitativa, sustentável e compassiva. Nossas decisões sobre como aplicamos a IA em campos como saúde, educação, economia e ambiente moldarão nosso legado para as gerações futuras. Como seres humanos, temos a capacidade de influenciar esse curso e construir um futuro que valorize a colaboração entre humanos e máquinas.

Encorajamento para que os leitores explorem mais sobre o assunto e contribuam para o diálogo em torno da IA e da evolução humana

À medida que encerramos esta jornada, convidamos você a continuar a explorar o fascinante mundo da IA. Explore cursos, participe de conferências, envolva-se em discussões online e offline, e contribua para o diálogo global em torno da IA e sua influência na evolução humana. Cada voz e perspectiva são valiosas para enriquecer nosso entendimento coletivo e moldar o rumo da IA de maneira positiva.

Encorajamos você a aplicar o conhecimento adquirido neste livro para fazer escolhas informadas em sua vida pessoal e profissional. Seja na implementação ética de projetos de IA, na defesa por regulamentações responsáveis ou na promoção da educação sobre IA, suas ações podem ter um impacto significativo na maneira como a IA influenciará nosso futuro.Com este encerramento, deixamos um convite para que você continue a trilhar um caminho de descoberta e responsabilidade na era da inteligência artificial. Que sua jornada seja inspirada pela busca do progresso humano, da ética e da coexistência harmoniosa entre a inovação tecnológica e os valores humanos fundamentais.

www.ingramcontent.com/pod-product-compliance
Lightning Source LLC
Chambersburg PA
CBHW071612270726
48661CB00019B/2500